机关事务管理系列
Government Office Administration Series

公共机构节能

Energy Conservation In Public Institutions

成都市机关事务管理局／主编
Government Office Administration of Chengdu

四川大学出版社
SICHUAN UNIVERSITY PRESS

项目策划：舒　星
责任编辑：舒　星
责任校对：刘一畅
封面设计：华一广告
责任印制：王　炜

图书在版编目（CIP）数据

公共机构节能 / 成都市机关事务管理局主编． — 成都 ：四川大学出版社，2021.6
（机关事务管理系列）
ISBN 978-7-5690-4384-6

Ⅰ．①公… Ⅱ．①成… Ⅲ．①国家行政机关－节能－能源管理－成都 Ⅳ．①F426.2

中国版本图书馆 CIP 数据核字（2021）第 014547 号

书名　公共机构节能
GONGGONG JIGOU JIENENG

主　　编	成都市机关事务管理局
出　　版	四川大学出版社
地　　址	成都市一环路南一段 24 号（610065）
发　　行	四川大学出版社
书　　号	ISBN 978-7-5690-4384-6
印前制作	四川胜翔数码印务设计有限公司
印　　刷	成都市金雅迪彩色印刷有限公司
成品尺寸	185mm×260mm
印　　张	13.5
字　　数	263 千字
版　　次	2021 年 6 月第 1 版
印　　次	2021 年 6 月第 1 次印刷
定　　价	88.00 元

◆ 读者邮购本书，请与本社发行科联系。
电话：(028)85408408/(028)85401670/
(028)86408023　邮政编码：610065
◆ 本社图书如有印装质量问题，请寄回出版社调换。
◆ 网址：http://press.scu.edu.cn

四川大学出版社
微信公众号

《公共机构节能》编审委员会

成都

Chengdu

成都，简称蓉，别称蓉城、锦城，是四川省省会、副省级市、特大城市、成渝地区双城经济圈核心城市，国务院批复确定的中国西部地区重要的中心城市，国家重要的高新技术产业基地、商贸物流中心和综合交通枢纽。

成都是古蜀文明的发祥地，是全国十大古都之一和首批国家历史文化名城，有着世界罕见的3000 年城址不迁、2500 年城名不改的历史特征。公元前 316 年，秦灭蜀，始设蜀郡并成都县。公元前 311 年，成都仿秦制重建城垣，为有文献记载的城市规划与建设之始，迄今已有 2300 多年。汉代成都因织锦业发达，朝廷专设锦官管理，故有锦官城、锦城之称，五代后蜀地遍种芙蓉，故别称芙蓉城、蓉城。成都拥有都江堰、武侯祠、杜甫草堂、金沙遗址、明蜀王陵、望江楼、青羊宫等众多名胜古迹和人文景观，文化积淀极其深厚，是中国最佳旅游城市之一。

Chengdu, Rong for short, also known as the Hibiscus City or Brocade City, is the capital of Sichuan province, a sub-provincial city, a mega-city and a core city in the Chengdu-Chongqing Dual-city Economic Circle. Chengdu is also an important central city in western China designated by the State Council, an important high-tech industry base, a centre of commerce and a comprehensive transport hub.

The birthplace of the ancient Shu civilisation, Chengdu is one of the Top 10 Ancient Capitals and among the first National Historic Cultural Cities of China. Chengdu is quite unique among the major cities of the world in that it has not changed its name in 2,500 years, nor has it moved its site for 3,000 years. In 316 BC, the Qin Kingdom defeated Shu and established the Shu Prefecture. Then in 311 BC, the city was rebuilt in the style of the Qin capital, which was the earliest recorded city planning and urban development in Chengdu, some 2,300 year ago. During the Han Dynasty, a Brocade Officer was installed to manage the prosperous brocade industry, hence the names Brocade Officer City or Brocade City. And during the Five Dynasties period, Hibiscus flowers became a common sight throughout Chengdu, hence the names Hibiscus City or simply Rong (meaning Hibiscus). With a celebrated culture, embodied by such historic and cultural attractions as the Dujiangyan Irrigation System, Wuhou Temple, Du Fu Thatched Cottage, the Jinsha Site, Tomb of the Shu King of Ming, Wangjiang Pavilion and Qingyang Palace, Chengdu is among China's very finest tourist destinations.

公园城市

The Park City

2018 年 2 月，习近平总书记来川视察时在成都首次提出“公园城市”理念。2020 年 1 月，习近平总书记在中央财经委员会第六次会议上提出，支持成都建设践行新发展理念的公园城市示范区，为成都未来全面实施转型发展提供了方向指引。

“公园城市”理念，既是对人类文明发展规律、人与自然关系演进规律、城市发展规律的科学把握和深邃洞见，也是对成都独特生态、丰厚文化底蕴、国家战略作用的深切期许和历史嘱托，是习近平生态文明思想的表达。公园城市汇聚经济、政治、社会、文化、生态等全要素、多领域的美好期许，兼具“绿水青山”“绿色低碳”“多元共治”“以文化人”“美好生活”等多元价值要素，旨在以绿色空间为底色，以山水田林为景观，以历史人文为特质，以公园街区为场景，打造生产、生活、生态有机融合的生命共同体，呈现人城境业高度和谐统一的新型城市形态。

作为公园城市首提地、国家首批生态文明先行示范区、国家低碳试点城市，成都市正积极以碳标签为载体，构建以“碳惠天府”为品牌的碳普惠机制，形成生态宜居、绿色低碳的城市运转体系，着力提升城市绿色竞争力，全面加快建设反映新发展理念的美丽宜居公园城市。

The concept of the Park City was proposed by President Xi Jinping during his inspection visit to Chengdu in February 2018. And at the 6th meeting of the Central Financial and Economic Affairs Commission in January 2020, President Xi voiced his support for Chengdu in building a Park City model area in the spirit of the new development philosophy, thus showing the way forward for Chengdu's comprehensive transformation into the future.

The Park City Concept reflects profound insights into the laws of human civilisations, the evolution in man's relationships with nature, and the scientific development of the city, based on Chengdu's unique ecosystems, rich cultural endowments and its role in national strategies. It is an expression of the Xi Jinping Thought on Ecological Civilisation. The Park City holds in itself promises of economic, political, social, ecological aspirations. It embodies the values of "green is gold", "green and low-carbon", "diverse shared governance", "cultured citizens" and "beautiful life". With green spaces as the backdrop, the nature as landscapes, history and culture as features, and parks and blocks as scenarios, the Park City will be a community of shared life with production, living and ecosystems coming together organically to create a new urban modality where people, the city, the environment and industries co-exist in great harmony.

Being the birthplace of the Park City concept, and being among the first National Ecological Civilisation Model Areas and National Pilot Low Carbon Cities, Chengdu is using carbon labelling to build carbon mechanisms in the "Carbon for Tianfu" brand, whereby eco, green, low carbon and liveable urban operations systems are developed to improve the city's green competitiveness and expedite the development of the Park City.

天府绿道是成都市正在规划建设的一项重点工程，规划里程 16930 公里，有生态保障、慢行交通、休闲旅游、城乡融合、文化创意、体育运动、农业景观、应急避难等多种功能。

天府绿道总体规划提出，以“一轴、二山、三环、七带”，区域级、城区级、社区级三级绿道体系，共同织就全球规划设计最长的 16930 公里绿道系统。

目前天府绿道已累计建成 3689 公里。根据计划，2021 年，天府绿道建设长度将突破 5000 公里大关，2025 年初步构建绿道体系，2035 年全面建成。

The Tianfu Greenway network is a key project under development in Chengdu. Planned to stretch 16,930 km, the network will serve a range of functions: ecological barrier, slow traffic, leisure and tourism, urban-rural integration, culture and creativity, sports, agricultural landscapes and emergency shelter.

The Tianfu Greenway’s masterplan is a system of greenways at regional, district and community levels with “one axis, two mountains, three rings and seven belts” which, spanning 16,930 km, will become the world’s largest greenway system.

3,689 km of these greenways have already been completed. According to the development plans, the construction length of Tianfu Greenway will break a 5,000 km mark in 2021, the network system will take shape by 2025 and the whole system will be completed by 2035.

锦江绿道也称锦江 198 · LOHAS 绿道，建于锦江区内，是成都市主城区首条大型绿道。

“LOHAS”由英文“Lifestyles of Health and Sustainability”的首字母组成，是指一种重视环境和健康，崇尚可持续发展的生活方式。长约 6.7 公里的锦江 198·LOHAS 绿道，开启了人们对绿道新概念的认识和理解。

该绿道沿线建有锦江 198·LOHAS 绿道展馆、LOHAS 单车艺术走廊、LOHAS 广场、田园溪谷等重要景点，实现了城市绿点串联，让市民真切地感受到“城在园中长，人在画中游”。

The Jinjiang Greenway in Jinjiang District, or the Jinjiang 198·LOHAS Greenway, is the first major greenway in downtown Chengdu.

LOHAS, short for “Lifestyles of Health and Sustainability”, is an approach to life that values health, the environment, and sustainable development. For many, the 6.7 km long Jinjiang 198·LOHAS Greenway is a road to understanding the greenway concept.

Along this greenway, there are the Jinjiang 198·LOHAS Greenway Gallery, the LOHAS Bicycle Arts Corridor, the LOHAS Plaza, the Garden Valley and a host of other key nodes. With these “green dots” connected together, the city becomes a garden and the citizens become characters in a landscape painting.

熊猫绿道拟建设5.1平方公里环状“城市公园”和现代化、高品质的102公里区域级绿道，打造中国最大的露天熊猫文化博物馆，拥有文化展示、科普教育、生态景观、慢行交通、休闲游憩、体育运动六大功能。

熊猫绿道遵循“齐设施”的设计原则，在绿道上增加了包括庭院灯、洗手池、标识标牌等在内的配套设施。该绿道有六大主题元素：熊猫欢乐步道、熊猫特色商业、熊猫科普展示、熊猫萌趣小品、熊猫配套设施、熊猫园林景观。

其中，熊猫欢乐步道有几种表现形式，有以沥青为面层，上面镶嵌竹叶图案，周边栽种各类竹子的“竹韵步道”；有沥青铺就，上面有熊猫脚印花纹的“脚印步道”；还有布设于草地间，连接公交站台、驿站等的“熊猫脚印连接步道”……

与此同时，三环路熊猫绿道设有四个熊猫文化主题段，对应“花、果、竹、林”四个主题，将打造八片特色植物林，分别展现“繁花闹春意、芙蓉织锦绣、清香溢满林、金果缀枝头、幽篁通绿径、竹艺展诗情、彩林绘蜀韵、碧郁满蓉城”等八种植物景观风貌。

The Panda Greenway, as the name suggests, features the Giant Pandas. It constructs 5.1 km2 of circular “city parks” and 102 km of high-quality modern regional green roads, intending to build China's largest open-air panda culture museum, which serves the 6 functions of cultural presentation, education, eco-landscapes, slow traffic, leisure, and sports.

The Panda Greenway features the full suite of support facilities, with garden lamps, wash sinks and all the signage. The Panda Greenway is designed to six main themes: Panda Happy Walk, Panda Commerce, Panda Education, Panda Merchandise, Panda Facilities and Panda Gardens.

The Panda Happy Walk comes in multiple forms too. There’s the Bamboo Walk, with bamboo leaf motifs inlaid over asphalt pavement and various bamboo varieties growing along the sides; the Panda Paw Walk, with panda foot prints patterns; and Panda Paw Ramps in the lawns leading to bus stops and “post houses” …

Meanwhile, the Panda Greenway’s 4 sections along the Third Ring Road, based on the themes of “flowers, fruits, bamboos and woods”, will have 8 arboretums showcasing 8 types landscapes: Spring Blossoms, Hibiscus Splendour, Fresh Fragrance, Golden Fruits, Tranquil Paths, Bamboo Poetry, Kaleidoscope Groves and Emerald Chengdu.

锦城绿道总面积为 109.55 平方公里，其中生态用地 78.4 平方公里，各类配套设施用地 0.69 平方公里，主干绿道 128 公里，支线绿道 155 公里。

二期绿道将继续一期“尊重自然本底，完善配套设施，打造多样绿道”的建设原则，突显“农为底、道串联、景融合、功能足，东塘星罗百水润城、西渠阡陌六河灌都”的设计目标。

The Jincheng Greenway covers a total of 109.55 km^2, 78.4 km^2 of which are ecological reserves, and the various facilities will cover 0.69 km^2. The trunk greenway stretches for 128 km and the branch paths 155 km.

Phase Two of the greenway will continue in the principles of “respect for nature, full suite of facilities, and a diverse greenway system”, as Phase One did throughout its development, toward the design visions of “based on agriculture, built to connect, blend in landscapes, full functionality. Ponds and lakes to nourish the city in the east, rivers and canals to nurture the town in the west”.

战旗村位于四川省成都市郫都区唐昌镇西部，郫都区、都江堰市和彭州市三区、市交界地，地处横山脚下、柏条河畔，距离成都市 40 公里，是成都市“绿色战旗 · 幸福安唐”乡村振兴博览园核心区，也是“唐昌国家农业大公园 · 战旗村景区”组团核心区。全村面积 5.36 平方公里，全村有耕地 1.43 平方公里。9 个农业合作社，534 户农户，共 1756 人。村党支部下设 9 个党小组，有党员 67 人。全村有 8 个集体企业（全部实行租赁经营），5 个私人企业。地区生产总值 1.347 亿元，村集体自有资金 1280 万元（固定资产 820 万元，货币资金 460 万元）。

战旗村原名集凤大队，1965 年在兴修水利、改土改田活动中成为一面旗帜，逐更名为战旗大队。后来，新成立的党支部在学习大寨的活动中成为先进集体，村庄也改名为“战旗村”。

Located at intersection of Pidu, Dujiangyan and Pengzhou Districts/Cities, Zhanqi (meaning battle flag) Village is the core of Chengdu's “Green Zhanqi, Happy Tangchang” Rural Revitalisation Expo Park and “Zhanqi Site of Tangchang National Agricultural Park”. The village sits under the Hengshan Hills and beside the Baitiao River and is 40 km from downtown Chengdu. Zhanqi Village covers 5.36 km^2 , 143 of which being farm land. There are 9 agricultural co-ops and 1,756 residents in 534 households. And the village Party branch has 67 Party members in 9 Party teams. There are 8 collective enterprises (all on management contracts) and 5 private companies. Zhanqi Village has a gross regional product of 134.7 million RMB, and 12.8 million RMB in collective assets (8.3 million in fixed assets and 4.6 million in cash).

Zhanqi Village was called Jifeng Production Brigade back in 1950s. Then in 1956, its success in building irrigation systems and reclaiming farmland made it an “inspirational flag”, therefore it was renamed Zhanqi Production Brigade. And as the newly established Party Branch became a Leading Collective, the village became known as Zhanqi Village.

都江堰是世界文化遗产（2000 年被联合国教科文组织列入世界文化遗产名录）、世界灌溉工程遗产、全国重点文物保护单位、国家级风景名胜区、国家 AAAAA 级旅游景区。

都江堰位于四川省成都市都江堰市城西，坐落在成都平原西部的岷江上，始建于秦昭王末年（约公元前 256—前 251），是蜀郡太守李冰父子在前人开凿的基础上组织修建的大型水利工程。都江堰由分水鱼嘴、飞沙堰、宝瓶口等部分组成，2000 多年来一直发挥着防洪灌溉的作用，使成都平原成为水旱从人、沃野千里的"天府之国"，至今灌区已达 30 余县市，是全世界迄今为止年代最久、唯一留存、仍在一直使用、以无坝引水为特征的宏大水利工程，也是中国古代劳动人民勤劳、勇敢和智慧的结晶。

The Dujiangyan Irrigation System is a World Heritage Site (included into the UNESCO World Heritage List in 2000), World Irrigation Project Heritage Site, Major Historical and Cultural Site Protected at the National Level, National Park of China, and National AAAAA Tourist Attraction.

Located to the east of downtown Dujiangyan City of Chengdu, the Dujiangyan Irrigation System sits on the Min River, which is in the west of the Chengdu Plain. It is a large-scale water conservancy project organised by Li Bing (the Governor of the Shu Prefecture) and his sons, beginning at the end of King Zhao of Qin's rule (256 to 251 BC) based on the work done by their predecessors. The Dujiangyan Irrigation System consists of Shuiyuzui, Feishayan, and Baopingkou, among other works. For over 2 millennia, it has been regulating the waters against floods and droughts and is responsible for making the Chengdu Plain a fertile Land of Abundance (Tianfu) free from severe droughts or floods. The project now irrigates close to 10 million mu (1/15 of a hectare) of land in over 30 counties/cities. This magnificent dam-less water conservancy project is the world's oldest surviving structure of its kind—and the only one still performing its duties today. It is also the crystallisation of the industry, boldness and wisdom of the ancient Chinese people.

金沙遗址位于四川省成都市城西苏坡乡金沙村，分布范围约 5 平方公里，是公元前 12 世纪至公元前 7 世纪（距今约 3200~2900 年）长江上游古代文明中心——古蜀王国的都邑。2006 年 5 月 25 日被国务院公布为全国重点文物保护单位。

金沙遗址主体文化遗存的时代约为商代晚期至西周时期，重要遗迹有大型建筑基址、祭祀区、一般居住址、大型墓地等，出土金器、铜器、玉器、石器、象牙器、漆器等珍贵文物 5000 余件，还有数以万计的陶片、数以吨计的象牙，以及数以千计的野猪獠牙和鹿角。

The Jinsha archaeological site, covering 5 km^2 in Jinsha Village on the west side of Chengdu, was the capital of the ancient Shu Kingdom, the centre civilisation in the upper reaches of the Yangtze River from the 12th to 7th Century BC (about 3,200 to 2,900 years ago). On 25 May 2006, the Jinsha Site was named a Major Historical and Cultural Site Protected at the National Level by the State Council of China.

The Jinsha Site's large building foundations, ritual staging areas, civil dwellings, large cemeteries, among other important relics, from cultures dated between late Shang Dynasty to the Western Zhou Dynasty. The archaeological finds included more than 5,000 gold, bronze, jade, stone, ivory and lacquerware items and other valuable antiques, as well as tens of thousands of pottery pieces, tons of ivory, and thousands of boar tusks and deer antlers.

竹艺村位于崇州。崇州古称蜀州，系四川省辖县级市，由成都代管。东邻成都市温江区和双流区，南同新津区毗连，西与大邑县相接，北与都江堰市相依，西北部与汶川县接壤。

崇州市历史悠久，其建制历史长达 4300 年，公元 316 年设立县制，1994 年撤县设市。崇州呈“四山一水五分田”格局，是距成都天府广场最近的郊区新城，是老子思想的创立发扬地、四川省首批命名的历史文化名城、国家新型工业化产业示范基地（大数据特色）、国家智慧城市试点城市、国家全域旅游示范区创建单位、国家农业综合标准化示范市、国家家具质量提升示范区、全国乡村治理体系建设试点单位。

崇州市 1090 平方公里，辖 6 个街道办事处、9 个镇。城市建成区面积 43 平方公里（含经开区）。2019 年末，全市户籍总人口 660917 人，常住人口 666700 人，常住人口城镇化率 48.05%。

The Bamboo Arts Village is located in Chongzhou, or Shu Prefecture by its old name, a county-level city under Chengdu. Chongzhou borders Wenjiang and Shuangliu Districts to the east, Xinjin District to the south, Dayi County to the west, Dujiangyan City to the north, and Wenchuan County to its northwest.

With a history of 4,300 years, Chongzhou was known as Shuchuan in Han Dynasty and Shu Prefecture in Tang Dynasty, before it became a county in 316 AD and a city in 1994. It is famously where Laozi's philosophy materialised and began spreading. With “four mountains and one river dividing the land in five”, Chongzhou is the closest to the Tianfu Square among Chengdu's satellites. It is also among Sichuan Province's first Historic and Cultural Cities, a National New-industry Demonstration Base (featuring Big Data), National Smart City Pilot, National All-area Tourism Model City, National Agricultural Standardisation Model City, National Furniture Quality Improvement Model Area, and National Rural Governance System Development Pilot.

The city of Chongzhou covers an area of 1,090 km^2 in 6 sub-districts and 9 town, and a 43 km^2 urban area (including the Economic Development Zone. As of 2019, the city has a registered population of 660,917, a resident population of 666,700, 48.05% of whom are urban residents.

碳中和是指企业、团体或个人通过植树造林、节能减排或购买碳信用的形式，抵消自身在一定时间内从事生产、经营时直接或间接产生的温室气体排放总量，从而实现零碳排放。2018 年，四川首个“会议碳中和林”在成都市龙泉山城市森林公园落成。

Carbon neutrality refers to businesses, organisations or individuals planting trees, conserving energy, cutting emissions or buying carbon credits or using other means to negate the caron dioxide/greenhouse gas emissions produced by their production or operational activities directly or indirectly in a certain period of time, so as to achieve zero carbon emission. In 2018, Sichuan's first "Conference Carbon Neutral Forest" was planted in the Mt. Longquan Urban Forest Park in Chengdu.

零碳会议是指通过植树造林、购买林业碳汇等方式，抵消会议期间直接或间接产生的温室气体排放量，从而达到会议温室气体净排放量为零的目的。近年来，随着低碳环保理念的普及，人人减排、低碳生活成为一种时尚，更成为一种健康生活的品质象征。如今，零碳理念已深入人心。2019 年全国机关事务文化建设工作研讨会“零碳会议”在成都召开。

A “zero-carbon conference” is a conference that plants trees, purchases forests as carbon sinks or takes other measures to negate the direct and indirect greenhouse gas emissions produced by the conference, so as to achieve zero emission. As low-carbon and environmental attitudes became almost universal in recent years, the low-carbon lifestyle have become a fashion trend and a hallmark of healthy living. The low-carbon philosophy is already deep in everyone’s heart. And Chengdu hosted the National Symposium on Government Offices Administration Culture Development 2019, a zero-carbon meeting.

绿色出行就是采用对环境影响较小的方式出行，如乘坐公共汽车、地铁等公共交通工具，合作乘车，环保驾车，或者步行、骑自行车等，只要能降低自身出行中的能耗和污染，就叫做绿色出行、低碳出行、文明出行。成都市机关事务管理局创新“4+6”公务出行保障体系，积极倡导“135”绿色出行方式，既节约能源、提高能效、减少污染，又益于健康、兼顾效率。

Green travel is using transport modes with less impact on the environment, e.g., buses, the underground or other public transport, car pool, better driving habits, walking or cycling: if it cuts energy consumption and pollution, it is green, low-carbon and civilised travel. Government Offices Administration of Chengdu created the innovative “4+6” public-duty travel support system, and advocates “135” green travel, thereby conserving energy, enhancing effectiveness, cutting pollution, and reducing health risks, without compromising efficiency.

全国节能宣传周活动是在 1990 年国务院第六次节能办公会议上确定的。从 1991 年开始，全国节能宣传周活动每年开展。鉴于全国性的缺电状况，2004 年全国节能宣传周活动开展时间由原来的 11 月改为 6 月，目的是在夏季用电高峰到来之前，形成强大的宣传声势，唤起人们的节能意识。

The National Energy Conservation Week has been held since 1991 after its approval by the 6th Energy Conservation work meeting of the State Council in 1990. And in 2004, in light of regional power undersupply across China, the Energy Conservation Week was moved from November to June, the purpose being to a start campaign to awaken people's energy conservation awareness before the power use peaks in summer.

序

“绿水青山就是金山银山。”环境就是民生，青山就是美丽，蓝天也是幸福。良好的生态环境是最公平的公共产品，最普惠的民生福祉。美丽中国是生态文明建设的目标指向，是生态文明建设的宏伟蓝图。新时代生态文明建设，就是推动绿色发展、循环发展、低碳发展，实现人与自然协调发展、和谐共生，共同吹响建设美丽中国的集结号，为实现中华民族伟大复兴的中国梦贡献力量。

事非经过不知难，梦想实现从不简单。成都作为公园城市的首提地，肩负着建设践行新发展理念的公园城市示范区的时代使命，率先把绿色发展镌刻在城市发展的旗帜上，勇当生态文明的倡导者、践行者和示范者。本书收录的三十余篇文章，记录了公共机构节能实践路上的积极探索和点滴收获。希望那些已发生或正在发生的成都故事，能够引领全社会共同践行绿色生产生活方式，实现节能环保、低碳减排，促进形成勤俭节约、文明健康的社会风尚，为建设美丽中国提供成都经验。

目录
CONTENTS

实践创新篇
Innovative Practices

节能技改篇
Technological Reforms

示范创建篇

Becoming Role Models

节水降耗篇

Water Saving and Consumption Reduction

绿色风尚篇

Green Culture

垃圾分类篇

Waste Sorting

实践创新篇

Innovative Practices

打造生态环保、低碳循环、可持续发展的机关绿色文化，建设践行新发展理念的公园城市示范区，是成都市的一大奋斗目标。为谱写节能工作新篇章，全市公共机构立足自身优势，创新绿色发展方式，走出个性化的节能减排发展道路，也为其他兄弟单位提供了参考。

碳标签与公园城市建设

碳标签（Carbon Labelling）是为了减缓气候变暖，减少温室气体排放，推广低碳排放技术，把商品在生产过程中所产生的温室气体排放量在产品标签上用量化的指数标示出来，以标签的形式告知消费者产品的碳排放信息。其主要目的是通过在商品上加注碳足迹标签的方式引导购买者和消费者选择碳排放更低的商品，引导绿色消费，从而达到减少温室气体排放、延缓气候变暖的目的。

作为公园城市首提地、国家首批生态文明先行示范区、国家低碳试点城市，成都市正积极以碳标签为载体，构建以“碳惠天府”为品牌的碳普惠机制，形成生态宜居、绿色低碳的城市运转体系，着力提升城市绿色竞争力，全面加快建设践行新发展理念的公园城市示范区。作为节约型公共机构示范单位创建的主管部门，成都市机关事务管理局深刻把握碳标签创新理论成果，以碳标签作为节能减排的重要驱动政策工具，以低碳型机关建设为主线，以零碳机关创建为目标，发挥理论创新和制度创新的引领作用，努力推动和引领公共机构走在低碳创建的前列。

引入“碳标签”试点实践

随着全球人口数量的增加和经济规模的扩大，越来越多的温室气体排入大气，温室效应的影响越发明显。进入后工业时代以来，人们逐渐开始重视化石能源过度消耗对环境造成的影响，并对此进行了一系列的学术研究，“碳足迹”“碳标签”“低碳经济”等新概念、新观点、新对策应运而生。从概念上讲，碳足迹是指一个经营主体或者一个事件、一件产品在整个生命周期中，即从原料、加工制造、仓储物流、废弃到回收的过程中，产生或释放的温室气体的排放轨迹。在碳足迹基础上产生了碳标签。碳标签用数值的形式表示，并通过数值的大小反映产品整个生命周期的碳排放水平：标注在碳标签上的数值越大，产生的温室气体就越多，碳排放量就越大；反之，就越小。借助碳标签这一工具，产品整个生命周期的碳排放信息得以量化展示。

世界范围内对碳标签的讨论始于 2006 年，有不少国家的政府部门成立了专门机构负责研究、推广碳标签。其中，英国最早将针对产品的碳标签制度推向世界。为应对气候变化，英国政府成立了碳信托标准公司（Carbon Trust Standard）。2008 年 10 月，英国正式对外发布“PAS 2050”标准，并于 2019 年宣布，英国到 2050 年将实现温室气体零排放，成为第一个在法律中设定净零排放目标的主要经济体。紧随英国，日本鼓励企业在产品包装上详细标注产品在生命周期内各个阶段的碳足迹，并将产品的碳排放量标签化；欧盟委员会在生物燃料碳足迹评价方面引入新规则；法国政府鼓励企业自发核算碳足迹，并签发

了贸易企业可持续发展的规定；韩国、泰国等国家也纷纷推出符合本国国情的碳标签计划。

当低碳绿色发展逐渐成为时代需求，伦敦、巴黎、东京等城市也纷纷开始进行低碳经济发展战略规划，对未来理想的城市形态进行展望和描绘。低碳社区是低碳城市规划、建设的基本单元，是碳标签驱动绿色低碳生活的重要载体。世界各地相继开展了低碳和零碳社区的建设探索和实践，如 2001 年英国建设了贝丁顿零能耗社区，为低碳社区建设开创了先河，至 2016 年，英国已建有上百个低碳社区；2007 年，德国采用可持续理念设计的弗班社区，成为低碳社区标杆。

碳标签制度是发展低碳经济、构建低碳社会行之有效的方法。发达国家已经通过建立碳标签体系迎来全民低碳消费时代。以欧美发达国家为主的诸多国家和地区针对自身特点，提出了不同形式的碳标签认证体系，将碳足迹标签贴在啤酒、饮料、奶油、卫生纸、洗洁精、洗发水等各种产品的外包装上，为消费者提供购买选择信息。英国特易购集团（Tesco）已在 1000 余种自营商品上贴附了碳标签，且有 59% 的消费者在购物中选择了一件以上的碳标签商品。城市与碳标签体系的有机融合，对研发低碳技术、打造低碳场景、提升城市绿色竞争力具有重要的借鉴意义。目前，国际范围内的碳标签主要应用于出口产品。从微观角度上看，碳标签既可以为企业或组织控制出口产品生产过程或服务过程中各个环节的碳排放，也能帮助企业在承担社会责任方面树立良好形象。从宏观角度上看，碳标签体系的建立，既有利于促进我国节能减排工作，也有利于建设一个更有效率的市场体系。同时，鉴于我国当前面临的复杂严峻的国际形势，国内暂未全面实施碳标签体系，但由于欧美国家对于应对气候变化工作的愈加重视，碳标签极有可能成为今后我国产品出口欧美市场的贸易壁垒。

目前，国内在实践碳标签制度的过程中面临一些“水土不服”的实际问题和现实困难，主要包括：公众对碳标签的认知普遍偏低，导致其参与感、获得感不够；碳标签认证蕴含的基础方法学属于国际难题，其测算量纲和边界不一，导致标识结果具有较大的不确定性；碳标签可能因其认证成本，导致产品溢价，从而产生绿色采购边际成本，增加消费支出等。

面对困难和挑战，成都市对标国际先进经验，迎难而上、敢闯敢试，启动并实施了相关领域的碳标签试点：2018 年在国际会议中成功启动了“碳中和”项目；2019 年率先启动出口产品低碳认证，并于当年完成了家具、制鞋、光伏、制药、新材料、电气、新能源等行业 20 家企业、30 个产品单元的低碳产品和碳足迹认证。成都市实施低碳试点的生动实践，充分展示了其作为四川省“首位城市”的“主干”担当和作为国家低碳试点城市的创新实干，同时也向世界表明了成都积极参与全球应对气候变化行动的鲜明态度，为低碳试点城市建设开拓了新局面，也为全市低碳公共机构创建指引了重要方向。

借助“碳标签”推进发展

2018 年 2 月，习近平总书记来川视察时在成都首次提出“公园城市”理念。2020 年 1 月，在中央财经委员会第六次会议上，习近平总书记再次提出，支持成都建设践行新发展理念的公园城市示范区，这为成都未来全面实施转型发展提供了方向指引。“公园城市”理念，既是对人类文明发展规律、人与自然关系演进规律、城市发展规律的科学把握和深邃洞见，也是对成都独特生态本底、丰厚文化底蕴、国家战略作用的深切期许和历史嘱托，是习近平生态文明思想的城市表达。公园城市汇聚了经济、政治、社会、文化、生态等全要素、多领域的美好期许，兼具了“绿水青山”“绿色低碳”“多元共治”“以文化人”“美好生活”等多元价值要素。公园城市以绿色空间为底色，以山水田林为景观，以历史人文为特质，以公园街区为场景，打造生产、生活、生态有机融合的生命共同体，呈现了“人城境业”高度和谐统一的新型城市形态。

城市的终极价值在于让生活更加美好。公园城市将人本逻辑和生活导向作为逻辑起点和根本落点，让蓝天碧水成为永久风景，市民在城市里也能“望得见山、看得见水、记得住乡愁”，尽享天蓝地绿的大美意象和千秋瑞雪的窗边景致。让绿色生态成为普惠福祉，市民可以在绿色空间慢下脚步、静下心来、亲近自然、享受生活，感知这些绿色福祉。让简约健康成为生活时尚，市民可以在公园惬意游玩、在绿道漫步骑行、在山林自由呼吸，引领绿色低碳的新风尚，过上品茗阅读的新生活。让诗意栖居成为城市信仰，市民在城市的阡陌广厦、街头巷尾找到生活的乐趣、精神的家园、梦想的归宿，书写个人精彩、成就城市传奇。因此，公园城市建设必须以生态保护为先，以绿色生产生活为根本，以绿色科技创新为关键，以新型绿色节能参与主体培育和绿色执行力、牵引力提升为主导，推动绿色、低碳成为生活消费的新航标，形成简约适度、绿色低碳的城市文化。

21 世纪以来，城市化进程波澜壮阔，现代化生活惠泽全球。我们在享受城市生活的同时，也面临着城市化所带来的困扰；城市的野蛮成长，空间的无边界扩张，造成大气、土地、水等资源难以为继。经历过城市化进程的大发展、大破坏，全世界各国政府以及研究者孜孜以求、不断探索，努力修正被扭曲的城市发展初心，修复被破坏的人类生活环境，碳足迹、碳标签等衡量节能减排、生态保护成效的有效工具应运而生。作为一种新兴事物，碳标签与公园城市建设的内涵具有有机联系，其作为生态价值转化的载体，可有效刺激消费和产业升级。同时，借助碳标签的节能显性表示作用，也可赋予公众更多的绿色知情权，营造出更多可参与、可获得、可感知的低碳消费场景，引导绿色消费，营造高品质生活环境，引领形成绿色生活方式，提升公园城市绿色价值。碳标签具有强大的绿色基因，可充分发挥先行示范的优势，以政风带民风，在全社会推动树立社会主义生态文明观，促进公园城市建设。碳标签强大的绿色基因与公园城市包容、开放、乐观、创新的文化底蕴产生交互，可优化公共产品和服务供给的能力，营造低碳绿色消费新场景，有助于成都服务、成都创造、成都消费成为世界级品牌。碳标签作为量化载体，对促进全民广泛融入自愿减排实践，营造人人、事事、时时崇尚生态文明的社会氛围具有至关重要的作用。

运用“碳标签”实施节能

作为践行新发展理念的公园城市示范区，成都在 2020 年 3 月发布了构建“碳惠天府”机制的实施意见，借助碳标签政策的实施，推进产业和消费供给侧结构性改革，为“双循环”注入新动能。成都市机关事务管理局作为全市公共机构节能创建的主管牵头单位，以碳标签普惠制驱动“低碳”“零碳”示范机关创建为抓手，主动谋划、多措并举、担当作为，积极为推动绿色发展贡献力量。

一是以碳标签驱动公共机构节能降碳，在全社会形成示范引领效果。以碳标签体系牵引无纸化办公 OA 系统建设，创建“低碳机关”和“零碳机关”；设置公务自行车，大力倡导“1 公里以内步行、3 公里以内骑自行车、5 公里左右乘坐公共交通工具”的绿色低碳出行方式；开展

“低碳产品进机关”“少开一天车，低碳蓉e行”等主题活动；推动公共机构建设公共自行车网点，推行自助分时租赁，推广使用新能源汽车。成都市机关事务管理局在全市公共机构推行的一系列举措，有力推动了绿色、低碳成为生活消费新航标，孕育了简约适度、绿色低碳的城市文化，培育壮大了公园城市的倡议者、建设者和引领者队伍，塑造了绿色示范阶层。同时，成都市机关事务管理局与高校和科研机构合作，利用神经科学（Neuroscience）与人工智能（AI）结合，在学校、场馆等公共机构建立了基于虚拟现实技术（VR）的低碳应用场景，将VR场景（垃圾分类、交通出行、购物选择）与脑电波、脉搏监测设备等相结合，构成VR环境感知系统，丰富公众对低碳消费与生活的行为体验，加强公众对碳标签的认知，提升公众的参与感与获得感，引导公众践行绿色生活方式。

二是以碳标签驱动公共机构创造生态价值，让公众有更强的体验感与获得感。成都市机关事务管理局以碳标签为载体，不断优化升级公共服务供给能力，满足人民日益增长的美好生活需要，持续提升公园城市生活品质。此外，还启动了四川省首个会议碳中和项目，引导鼓励企事业单位积极实施会议碳中和、景区碳中和、差旅碳中和，以及全生产场景碳中和；以龙泉山城市森林公园为载体，建成“碳汇林”700亩，在成渝地区双城经济圈内打造了可复制、可推广、可借鉴的示范标杆；同时，以“十百千”活动（“十万精品、百万特色、千万创新”名优特产进机关活动）作为碳标签实践的突破口与试验田，通过建设集成积分累计、积分兑换、优惠赠券的一体化app共享平台，持续拓展低碳消费场景，让消费者享受购买特色品牌农产品的优惠，逐步形成政策鼓励、商业激励以及减排核证结合的多向引导机制，尽享节能减排助力精准扶贫的红利。

三是以碳标签驱动国际合作交流，引入国际能效节约经验技术，推动公共机构碳标签认证。成都市机关事务管理局抢抓国际合作机遇，以C40城市气候领导联盟（C40 Cites Climate Leadership Group）为平台，同全球33个国家超过60座城市开展了公共机构低碳节能领域的国际交流合作，率先推动公共机构开展碳标签认证，创新以机关、学校、医院、场馆为重点，选择能耗总量大、基础工作扎实、具有可复制性和推广价值的公共机构作为碳标签实践的生态细胞，以2年为一个认证的有效期，持续推动公共机构绿色服务改进。

深化“碳标签”探索创新

当前，新冠肺炎疫情在海外持续恶化，世界范围内“去全球化和去规则化”的趋势有所抬头，导致全球供应链梗阻与外部需求回落，对大众的生活和消费理念产生了较大影响。宏观上看，回溯全球现代化进程，世界城市发展史就是一部从封闭走向开放、从传统走向现代、从区域走向全球的发展史，全球化的趋势不可逆转。微观上看，历经改革开放40年的积累，成都综合实力显著增强，国际影响力快速跃升，正处于由区域中心城市迈向国家中心城市，进一步积蓄冲刺世界城市能量的关键节点。

城市国际化是与经济全球化相伴而生的城市现象，即一个城市的生产要素参与世界经济循环和经济体制、管理方式与国际惯例接轨的程度和过程，以及社会发展、基础设施、生态环境、居民生活和文化交往等方面所达到的国际化或现代化水准。面对日益激烈的国际低碳经济竞争，成都不仅要通过创新的低碳技术发展低碳经济，还需要改变居民生活理念和方式，最大限度地减少城市的温室气体排放。建立碳标签制度已成为成都国际化进程的有机组成部分和必然选择。成都市机关事务管理局将积极响应“以国内大循环为主体、国内国际双循环相互促进”的新发展理念，持续加强与高校、国际认证机构等的深度合作，以碳标签体系驱动公共机构节能地方标准的制定，探索公共机构赋能增效新模式和绿色低碳节能新路径，全力助推成都践行新发展理念的公园城市示范区建设。

一是强化能耗监管平台的大数据挖掘分析，深挖节能潜力、深化节能推广。立足公共机构节能管理数字化，整合和组织各类监测数据，与高校合作并加大技术攻关力度，开展多维度、多层次的数据分析，识别与界定低碳行为，科学评价减排贡献，为节能降碳提供决策支持，营造绿色健康的公共机构办公与生活场景，减少公共机构运行成本，促使更多的市民和组织自愿加入减排行列。

二是与高校、认证机构深度合作，开展公共机构碳标签统一测量方法与标识机制的设计。针对因不同核算体系下对公共机构服务碳足迹核算存在差异而导致的核算结果不确定性等问题，制定合适的、可推广的、复制性强的碳足迹核算方法。着眼推动公共机构碳标签认证，建立不同类型公共机构碳标签标准的互认机制，持续加强节约型公共机构示范单位创建工作与碳标签认证体系的融合。在碳标签认证体系构建的基础上，融合环境标志和节能标志认证体系，创建具有成都地方特色的“碳普惠”减排标识体系，持续优化绿色公共服务供给能力。

三是创新设计公共机构碳标签认证基准线。面向不同公共机构类型，联合高校等研究机构，基于问卷调查、深度访谈等手段，通过调查公共机构用能面积、人员组成、资源能源利用状态等属性，逐步探索建立公共机构碳标签认证的关键指标体系，确定碳足迹核算结果等级划分的基础方法。以“零碳”机关建设为目标，设计公共机构碳标签认证基准线，为不同类型公共机构的低碳认证提供科学依据。

低碳生活的希望之林

位于成都东南角的绵延山峦绿意葱茏，清晨的阳光透过薄雾洒在草地上，露珠轻轻从叶片上坠下，鸟儿尽情地在枝头高歌，人们悠闲地在林间散步……这人与自然和谐共处的画面，不是对人间仙境的想象，而是成都市为“碳中和林”项目勾画的蓝图。

2018 年 2 月，习近平总书记在四川视察时指出，天府新区是“一带一路”建设和长江经济带发展的重要节点，一定要规划好、建设好，特别是要突出公园城市特点，把生态价值考虑进去，努力打造新的增长极，建设内陆开放经济高地。在这一指引下，成都市实施了“碳中和林”项目。“碳中和林”满足了市民对青山绿水的渴望，也体现了成都市共建共享绿色低碳生活的决心。

气候危机下寻找最优解

2019年9月，在联合国气候行动峰会科学咨询组的支持下，世界气象组织编写了综合报告。这份名为《联合科学》(*United in Science*)的报告指出，1979—2018年期间，北极夏季海冰范围以每10年约12%的速度下降。2015—2019年是冰川质量损失有记录以来最高的五年。若不做出改变，到2100年，全球平均气温将上升2.9℃~3.4℃。

正如这份报告所说，当前气候变化已成为世界各国共同面临的危机和挑战。冰川消融、海平面上升、动植物的大量死亡已经直接威胁到人类社会的生存和发展。这一切，都为人类敲响了警钟：人类必须马上采取"前所未有的"行动，才能阻挡全球温度"灾难性"上升的步伐。

在此背景下，"碳中和"的概念应运而生。碳中和也叫碳补偿(Carbon Offset)，是指企业、团体或个人计算其在一定时间内从事生产、经营、生活过程中直接或间接产生的温室气体排放总量，并通过植树造林、节能减排或购买碳信用的形式，抵消自身产生的二氧化碳排放量，实现"零碳"排放。

2006年，"碳中和"获选《牛津英语字典》2006年年度词汇，这也体现了人们应对全球温室效应的决心和所做出的努力。新西兰和澳大利亚在全球率先制定和推行碳中和制度，随后英国、加拿大等国家也相继出台了碳中和的相关政策和制度。

进入21世纪以来，随着社会问题的不断凸显，人类交流越来越频繁，各种会议展览次数增加、产业规模不断扩大，环境污染和资源浪费日益严重，"会议碳中和"模式由此产生。该模式通过会议组织者和参与者捐资造林，增加碳汇，从而抵消会议期间所产生的二氧化碳排放量，最终实现零碳排放。2014年11月，亚太经合组织会议碳中和

林植树启动仪式在北京举行，通过在北京市和周边地区营造1274亩碳中和林，抵消会议排放的6371吨二氧化碳当量的温室气体。“碳中和林”项目在温室气体减排方面树立了榜样，对各地兴起的碳中和会议起到了较好的示范作用。

当前，在不断出现的环境问题面前，广大市民越来越渴望见到青山绿山，闻到清甜空气。实施“碳中和”项目，作为成都市城市规划发展的一项重要工作被提上日程。

“荒野变森林”的小美好

一块刻有“碳中和林——第二届国际城市可持续发展高层论坛、国家网络安全宣传周网络安全技术高峰论坛，中国·成都”的石头安家在龙泉山森林公园。这可不是一块普通的石头，它代表着四川省首个总面积700余亩的“会议碳中和林”正式揭牌落成，这是成都市乃至整个四川人民的环保之石、希望之石。

在见证成都市为节能减排工作做出突出贡献的同时，这块石头也见证了工作人员为这片林木付出的辛勤努力。

建设“碳中和林”时，如何选择树种，才能更好地发挥碳中和林对二氧化碳气体的吸附作用，成为工作人员在林区兴建前必须着力解决的问题。通过生物质炭储量计量模型计算，工作人员先筛选出了一批适合吸附二氧化碳的树种，再综合其长势、高径比、是否有病虫害等因素，并考虑体现成都本地树种的特色，最终确定香樟、女贞、银杏、桂花、香椿等为主要造林树种。通过测算2018年论坛所产生的二氧化碳量及成都市实际造林条件，“碳中和林”计划造林面积为700亩，以确保会议产生的二氧化碳排放量在20年内被该造林项目产生的碳汇量完全中和。

一张标记着“0342，沈燕玲，寄语：绿色发展、有你有我”的绿底白字标牌被挂在一颗银杏树上。在这片林区内，共有2018个写着编号、姓名和寄语的标牌被挂上树苗。这些标牌又有什么故事呢?

原来，为保证市民能充分参与“碳中和林”建设，成都市发改委在2018年6月13日“全国低碳日”组织了“节能低碳主题知识竞赛”，答对8道题以上的前2018位参与者将获评蓉城“低碳卫士”，并以个人名义在“碳中和林”中种下一棵树。“节能低碳主题知识竞赛”主要通过线上问卷的方式开展，微信公众号“成都发展改革”专门开辟了弹窗形式的参赛通道。竞赛题目主要从《中国应对气候变化的政策与行动2017年度报告》、四川省及成都市政府网站发布的节能低碳领域相关政策、报告等文件中抽取，以鼓励市民学习节能环保知识。竞赛题目经历了多次筛选与斟酌，以确保其既有一定的难度，又不会完全超出参与者的知识范畴。

竞赛鼓励参赛者将信息分享到个人社交平台，同时在6月13日的《成都日报》上也刊登了竞赛问卷的二维码链接。通过“低碳卫士”们的接力分享及媒体的有效宣传，竞赛上线不到36小时，就有超过1.3万人踊跃参与，2018棵树苗很快被全部领取，大大提升了公众对于“碳中和林”项目的参与感。

除了竞赛活动策划者，“碳中和林”项目管理者也在这片林木间浇筑了自己的心血，他们克服种种困难，保证了项目的顺利开展。“碳中和林”项目地处龙泉山生态移民区，居民少，可用的工人更少。龙泉山森林公园的李中松同志表示，为了保证用工充足，工作小组用了两周多的时间，从青白江区、简阳市等地外调工人，以保证项目顺利进行。

龙泉山森林公园属四川盆地中亚热带湿润气候区，具有四季分明、春早秋凉、夏无酷暑、冬无严寒的特点。但这样的气候也导致该地区冬旱夏涝。冬天，山上水资源明显不足，而“碳中和林”的树木刚栽种不久，正处于需要精心培育的重要时期。为保证树木健康成长，施工方选择调用洒水车从龙泉湖向蓄水池调水。2018年11月，施工方持续调水一周左右，保证了栽种树苗的成活率。

冬天需要抗旱，在夏天时还需要防洪。2019年6月，龙泉山遭遇大暴雨，一夜之间，五六百株树木被吹倒。为尽可能挽回损失，工作人员及时上山将树木扶正。早上六点半，天才蒙蒙亮，工作人员就顶着露珠上山；晚上七点半时，他们才拖着疲惫的身子下山。经过及时抢救，五六百株树木全部被扶正或者重新栽植，避免了更大的损失。

每年10月是龙泉山马蜂出没的时节，在管理林木时，不少工人不小心被出没的马蜂蜇伤。为了避免受伤，工人们若干人一组进行杂草清除，并且每人都随身携带防治马蜂蜇伤的药品。通过这些在实践中不断摸索出来的方法，工人们总算保质保量地完成了工作，使得精心培育的“碳中和林”茁壮成长。目前，碳中和林项目已经开展2年多时间，在这段时间里，管理小组对林地完成了多次抚育管理，主要内容为除草、施肥、病虫害防治等。目前苗木成活率达90%以上，这是所有工作人员共同努力的结果。

正是靠着全体工作人员的扎实工作，希望之林才越扩越大，树木才越来越壮、越长越高，成都离“公园城市”的美好愿景也才越来越近。

“碳惠天府”立国内节能标杆

这片郁郁葱葱的林木还有一个特殊的身份，对四川省的生态环境发展具有里程碑式的意义——它是四川省首个“会议碳中和林”。

2018年8月1日和9月17日，第二届国际城市可持续发展高层论坛、国家网络安全宣传周网络安全技术高峰论坛在蓉举行。会议在举办过程中，会不可避免地产生大量二氧化碳。会议期间与会代表乘坐交通工具以及会议所需照明、空调、音响等设施用电，会议资料印制，与会人员住宿、用餐、生活垃圾、生活废水处理等均会产生温室气体。如此庞大的二氧化碳排放量，若是放任自流，一定会对环境带来巨大的压力。

为体现成都市推动绿色低碳可持续发展的坚定决心，成都市发改委牵头，联合有关单位创新策划，实施会议碳中和项目。经中国质量认证中心对以上各项测算审定，两次会议产生的温室气体分别排放了921吨、466吨二氧化碳当量。成都市发改委决定通过造林增汇的方式，在龙泉山城市森林公园开辟700亩“碳中和林”，用未来20年的森林碳汇抵消两大论坛产生的全部温室气体排放，实现“零排放”目标。

现如今，“碳中和林”已栽种两年有余。在林木建设的过程中，“碳中和林”的生态效益、经济效益、社会效益不断彰显。在生态方面，增绿增汇的方式有效改善了区域生态环境质量。“七百多亩的林地用20年中和1371吨二氧化碳已是绰绰有余。这一活动可进一步推动改善区域生态环境。”中国质量认证中心的王志强老师介绍。“碳中和林”的位置紧邻龙泉山城市森林公园“古驿十二景”，目前已计划通过植入以“碳中和”为主题的绿色文旅消费场景，推动生态价值与文化价值有机融合，使旅游价值不断提升。“碳中和林”依山傍水，绿意葱茏，新鲜的空气给城市带来了不一样的活力。不少市民会选择前往“碳中和林”周边已建设完成的区域游览、锻炼，也有晨练、骑行等兴趣团体来到“碳中和林”周边，享受城市中这一抹绿色带来的“巴适”。

此外，在“碳中和林”正式揭牌落成后，为延续首个碳中和项目的成功模式，成都市发改委组织各专业机构开始探索制定低碳示范认证评价标准。2018年底，成都市成功发布全国首个会展活动碳足迹核算地方标准——《成都市会展活动碳足迹核算与碳中和实施指南》，对会展期间温室气体排放总量的计算方式给出了统一标准，明确了实现碳中和的具体时间表。

王志强老师介绍，这份指南规定了成都市会展活动碳足迹的核算原则、核算程序、核算边界、核算方法、碳足迹报告内容与格式、碳中和实施程序和碳中和声明等内容，适用于成都市行政区域内会展活动碳足迹的核算以及碳中和的实施。这份指南为未来成都市各项重大会议的碳排放量测算提供了坚实的理论支撑。

“碳中和林”项目取得的显著成就，更坚定了成都市践行“生态优先、绿色发展”的决心。为了使小微企业、社区、家庭和个人更加注重节能环保，成都市政府开始尝试对其减碳行为进行具体量化和赋值，进行“碳普惠机制”项目的相关准备，这也是成都市继“碳中和林”项目后立足生态环保、广泛惠民、市场运作的又一次积极探索。

2020年3月，成都市人民政府根据这一探索印发了《关于构建“碳惠天府”机制的实施意见》，提出建立以“碳惠天府”为品牌的碳普惠机制。该机制以“政府引导、市场运作、公开公正、广泛惠民”为原则，以“公众碳减排积分奖励、项目碳减排量开发运营”为双路径，力争将“碳惠天府”打造为成都践行生态优先、绿色发展的新名片，国内碳普惠机制建设的新样板。

习近平总书记指出，绿水青山就是金山银山。碳中和林这一项目的实施践行了习总书记的讲话精神，为成都市建设生态家园、贯彻绿色发展理念做出了重要贡献。通过“碳中和林”这一成功实践的引导，天府大地处处绿意盎然的愿景正逐渐成为现实。

公共机构能源管理体系建设之路

夏天的空调开多低？冬天的空调开多高？冻库温度怎么调？在武侯区政府的五个集中办公区内，每一台耗能的机器都逃不了监控，每一个工作人员都要遵守节能制度并接受监督。大到宏观用水系统，小到每一盏灯，从设备参数设置到人员培训，武侯区政府面对无经验可寻的节能“冰山”，勇于实践，“破冰”前行，成为四川省第一家建成能源管理体系的公共机构。如今，该能源管理体系已运行了 4 年多时间，不仅取得了骄人的节能成果，其节能示范效应也正逐渐显现。

“破冰”！构建管理体系

“能源管理体系对用能的全过程进行实时控制，并将系统规范的制度、方法等形成文件。”武侯区机关事务中心车辆和节能科的工作人员黄敏如此解释道。她自2014年开始从事节能工作，参与了能源管理体系建设的全过程。

“打造节约型政府、推动绿色发展、建设生态文明”是武侯区委、区政府的一大重要目标。近年来，在区机关事务中心的牵头下，武侯区政府做了大量节能工作，也因此于2015年成功创建了全国第二批节约型公共机构示范单位，并在2018年荣获全国“能效领跑者”荣誉称号。“不是说获得了示范单位这样一个荣誉称号，节能工作就算完成了。”黄敏说道。虽说武侯区政府在近几年的节能工作上取得了一些成效，但这些工作却很零散、细碎，没有统一的标准。

节能工作是一个系统性、综合性很强的工作，依靠开发和应用节能技术和装备只是节能一个方面。在节能工作中，缺乏科学的能源管理理念、机制和方法极易造成能源管理脱节、能源损耗、考核不当等不良现象。应用系统的管理方法来降低能源消耗、提高能源利用效率、建设能源管理体系是关键，也是必然。能源管理体系是指从全过程出发，遵循系统管理原则，通过实施一套完整的标准、规范，在用能单位内建立起一个完整有效的、形成文件的体系。这一体系通过对用能单位能源管理的全过程实施控制，使各项活动、过程及其要素不断优化，利用能源评审、监视测量和评价、内部审核、管理评审等要素，采用能源管理的有效方法和工具，不断提高能源管理体系持续改进的有效性，实现能源管理方针和目标，从而达到改进能源绩效的目的。

在能源管理工作分散、无标准这一难题前，区机关事务中心萌生了建设一种系统的、可复制的且便于管理的模式的想法。查阅大量资料后，他们发现2012年我国已发布了GB/T 23331-2012《能源管理体系要求》，并在2013年正式实施。对高耗能的企业来说，建设能源管理体系早已不是新鲜事，但这对公共机构而言，仍是一大挑战。2015年，四川省尚未有一家公共机构建立能源管理体系。

“既然没有，那我们就自己造！”说干就干，区机关事务中心在经过仔细比选后确定了专业的第三方服务公司，以国标为标准，结合武侯区政府的具体用能情况，量身打造自己的能源管理体系。建设过程包括体系策划、文件编写、体系运行和审核认证四个大阶段。

武侯区成立了以区长为组长，以分管副区长为管理者代表，由政府办、发改局、监察局、财政局、机关事务管理局（2016年6月经机构改革后更名为机关事务中心）等相关单位负责人组成的武侯区公共机构节能工作领导小组，将各层级的管理职责和权限明确下来，建立起一个较为完善的能源管理网络。通过调研，武侯区政府制定出“绿色低碳、提高意识、和谐服务、智能节能、合理降耗、共同参与”这一适合集中办公区的能源管理方针。体系策划阶段的最后一个步骤是对集中办公区的能源管理现状进行调研，包括能源计量、台账记录等多个方面。同时，对调研内容进行评审，识别现存问题并探寻改进路径。

在经过充分的前期调研与思考后，武侯区政府开始了文件编写工作。在文件编写上，区政府采用融合的方式，尽量减少体系文件，最终将能源管理体系文件结构划分为“手册、程序、工作文件、记录”四个层次。同时根据能源管理体系结构框架，组织制定了能源管理手册、12 个程序文件、30 个制度规定及作业指导书。经过长时间的调研与文件梳理等工作，这个属于武侯区的能源管理体系终于成形了。体系与文件的成形让能源管理有据可依，从宏观的纲领到细致的员工操作规范，能源管理体系网罗了一切，剩下的，就是将体系落地。

细节！狠抓节能点滴

“空调设置温度夏天不能低于 26℃，冬天不能高于 20℃；食堂冻库的温度应在 -20℃ ~-10℃之间……”一连串数值从黄敏口中流畅地说出来。这些具体的数值是区内员工们用能时需要记住的，也是必须确保的。各项要求被打印下来，贴在各个耗能点，这被称作“制度上墙”。

除了对操作有着严格的标准，武侯区政府在设备和技术上也做了很大的提升：在公共区域内安装 LED 红外人体感应灯，避免无人时的照明浪费；在办公区内设置 40 辆公务自行车并大力推广新能源汽车的使用，减少油耗和污染。面对第一办公区建设时间早、设备和管网老旧等特点，武侯区政府以节约资金为前提，将节能新技术运用于老设备之上，尽力实现设备的节能最大化，如：给电梯加装能量回馈装置来减少耗能；对集中办公区 453 台分体式空调进行冷媒改造，平均节电率达到 20%-30%。

“唰唰唰……”武侯区政府第一办公区内的花草正在接受新一天的灌溉，细密的水雾从小小的喷头中涌出，洒在嫩绿的草上。可这水却并不是自来水，而是来自天上的雨水。这藏在地下的秘密是武侯区政府的一项节水工程——雨水回用工程。将原本作为景观设施的水池当做“漏斗”，让雨水经水池流入地下管道，汇入不远处总容量为 197 立方米的雨水蓄水池，经沉淀后成为灌溉用水。这些自天上来的馈赠不仅给办公区的绿化植物带来生机，也可用作消防备用水。

这类开源式的节能举措不只储存雨水，阳光也被武侯区政府“存”了起来。在市民中心的楼顶上，一块块太阳电池板面向太阳整齐地排列着，在阳光普照的日子将太阳能转化为电能，向办公区输送。雨水回用工程可使武侯区政府年节水量达900余吨，光伏发电每年输出20000度，这些来自大自然的绿色能源被武侯区政府利用起来，成为了能源管理体系的一部分。

所有耗能都被“四川省国家机关办公建筑和大型公共建筑能耗监测平台”实时监控着，工作人员可对能源的使用进行远程监控，一旦监测到耗能异常的情况，便可迅速找出问题并及时处理，避免能源浪费。

三审！开展评估整改

制定出来的标准执行得怎么样？节能工作还有哪些问题？“内审＋外审＋自审合一促节能。”在武侯区政府能源管理体系的运行中，有一群被叫作“内审员”的人，发挥着极为关键的作用。

由于要对用能的全过程进行审查，内审员不仅要熟知体系制度，还要了解设备各项参数，这对内审员提出了极高的要求。在节能关键岗位，直接任命经验丰富的员工为内审员，对其他岗位则鼓励大家自愿报名参与选拔。选出的员工需要经过专业培训，通过考试获得证书后才能具有内审员资格。“获得证书后还要跟着专家去实地看，熟悉设备。走一遍，摸一遍，才能

真的理解。”内审员邱萱说道。她同时是机关事务中心车辆和节能科的专业技术人员。为了成为一名合格的内审员，她花了整整一个月时间做准备。

“内审员的专业性是很强的，一开始很多专业设备不会用，真的挺难的。”同为内审员的黄敏回忆起自己刚做内审员时的情形时这样说道。武侯区将政府集中办公区划分为具体的区域，由每个内审员负责相应区域内的自查；同时，每年举行两次专项检查，各个区域的内审员进行交叉审查，避免检查过程中有所遗漏。最开始试点的两个集中办公区只有 17 名内审员，他们不仅要对区域内各项用能进行监测，还要对区域内能源管理体系进行评估，找出问题，督促整改，工作并不轻松。

有内审员曾发现食堂在洗菜间隙没有关水，便提出了整改意见，意见提出后，相关负责人立马开会自查，加强培训和管理，在很短的时间内便解决了问题。内审员一旦发现有人未按制度执行，就会及时提醒，多次提醒无效则会处以相应罚款。年底优秀员工的评选也将参考节能考核结果。

为防止“当局者迷”，在内审员审查整改后，区政府每年依旧会邀请专家来区内再一次进行审核，寻找不足之处，这也就是能源管理体系中的“外审”。“2018 年专家来审核，看到我们走廊的灯都亮着，给我们指出了这个问题。今年他来的时候，发现我们的灯都是隔行开着的，但又能满足照明的要求，不断夸我们，说我们进步了。”邱萱说起 2020 年 8 月的外审，依然记忆犹新，“其实去年专家指出问题后，不到一周我们就整改好了。”

在武侯区政府办公区内看到“节约”二字的频率很高。“节约用电”“节约用水”，甚至食堂餐桌的纸巾盒上也印着“节约光荣、浪费可耻”。除了外部监督，武侯区政府也十分注重干部职工节能意识的培养，区政府经常开展节能宣传活动，有关节能的标语、标牌也都设置在显眼之处，潜移默化地提高着干部职工的节能意识。不仅在区政府内部，武侯区政府也在全区范围内大力开展节能降耗宣传教育工作，通过举行“节能宣传周”、免费换 LED 灯等活动，带动全区节能意识的提高。

“我儿子以前总问我节能是什么，现在他什么都懂了，有一次画画的时候还画了一个垃圾分类机器人。”黄敏笑着讲起五岁儿子的趣事。从事节能工作的她也带动身边的家人和朋友关注起节能来。她说：“节能不要说大了，真的只要从小事做起，从身边做起就行。”

奋进！坚定目标信念

从 2014 年开始创建节约型公共机构示范单位起，到建立能源管理体系，武侯区政府的节能工作一直在持续改进。2016 年 12 月，武侯区政府能源管理体系正式通过了中国质量认证中心认证，武侯区政府成为四川省第一家获得能源管理体系认证的公共机构。“拿到证书后，我们大家都很开心，也觉得很光荣。在建设体系的过程中我们一直都在反复整改，这些努力都获得了肯定。”包括邱萱在内的武侯区政府全体员工都为此感到自豪。

2017 年，中共武侯区委、武侯区政府集中办公区人均综合能耗为 225.17 千克标煤，2018 年下降到 219.0 千克标煤，同比下降 2.74%；2017 年人均耗水 20.12 吨，2018 年降为 17.21 吨，同比下降 14.46%。能源管理体系的运行带来了显著的节能成效，试运行一段时间后，武侯区政府于 2019 年 5 月将武侯区其他三个集中办公区（区会议中心、综合馆、第四办公区）全部纳入能源管理体系实施范围，并新增加了 17 名内审员，进入新一轮的能源管理体系认证。

“专家说，在其他公共机构才开始起步建立能源管理体系时，我们武侯区已经有了一些经验，走在了前头，”在黄敏看来，能源管理体系的建立还有着明显的示范作用，“自己做好了才能逐渐扩散，从集中办公区到独立办公区，然后渐渐让全区全市市民提高节能意识。”

武侯区政府的节能探索之路仍在继续。接下来，他们将结合国家节能标准化示范项目创建工作，继续完善节能标准体系，将法律法规、基础标准、管理和技术标准、工作标准分为三个层级进行管理，在已制定的 11 项节能制度的基础上，继续深化节能工作，进一步提高能源计量标准，同时建立能源消耗指标数据库，树立能效标杆，不断学习优化，促进能效水平的提高。

“节能没有终点，它是一个持续改善的过程。”这是黄敏在采访中说得最多的一句话。

光伏发电：公共机构节能，看得见摸得着

简阳市机关事务服务中心坐落在沱江河畔巍峨起伏的鳌山公园脚下。办公大楼上，一排排光伏发电装置整整齐齐地铺陈于政务中心的整个屋顶，在午后的阳光下反射出耀眼的光芒。这就是简阳市机关事务服务中心的屋顶分布式光伏发电项目，它宛如阳光下一颗璀璨的明珠，为这座城市添上了夺目的光彩。

壮心上下勇求索

2015年，为响应国家对于公共机构节能的号召，成都市机关事务管理局下发文件，要求各区（市）县结合自身情况，因地制宜开展节能工作。时任原简阳市机关事务管理局局长的袁宁接到这项任务后，立马动起脑筋来：公共机构节能，该从哪里入手呢？节水节电？低碳出行？他搜集了大量优秀案例，又多次召开专题会议以求思广益，草拟了一个又一个方案。可追求完美的袁宁却始终不满意。眼看着日子一天天过去，最终方案却迟迟没有敲定，袁宁的内心不免焦灼起来。然而，工作例会上一位同事的发言让他打开了新的思路。原来，机关事务管理局的屋顶经常漏水，一到多雨的夏季更是让同事们叫苦不迭。“屋顶！”多日苦思无果的袁宁局长终于展开了眉头。简阳市常年晴朗，年日照时间可达1128.8小时，开展光伏发电是可行的。而且机关事务管理局屋顶既宽阔又平坦，便于铺设设备，不正好可以利用起来，进行节能项目改造嘛？思路大开的袁宁局长马上就如何利用机关事务管理局2000余平方米的屋顶制订计划，最终确定了分布式光伏发电项目的方案。

光伏产业是全球能源科技和产业的重要发展方向，是具有巨大发展潜力的朝阳产业，也是我国具有国际竞争优势的新兴战略性产业。光伏发电技术是根据光生伏特效应原理，将太阳光或其他光照辐射转化成电能，通过“自发自用、余电上网、就近消纳、电网调节”，替代部分常规能源，减少燃煤消耗和温室气体排放，实现节能环保。而分布式光伏发电系统，又称分散式发电或分布式供能，特指在用户场地附近建设，以用户侧自发自用、余量上网为运行方式，且以配电系统平衡调节为特征的光伏发电设施。在有太阳辐射的条件下，光伏发电系统的太阳能电池组件阵列将太阳能转换输出为电能，并与国家电网相连，安装双向计量表记录正向和反向用电，向用户供应的净电量即为用户减少的电网购电量。这样,在收取用电费用时,可以直接扣减。

想法虽然有了，起初跃跃欲试的袁宁局长却逐渐冷静下来，开始思考项目的成熟度。他决定先进行小面积、小规模的试点，一段时间后如果达成了预期的效益，再扩大规模全面推广实施。他最终确定了由政府拨款13万元投资建设的方案，购进具有低耗能、高柔性、弱光效应好、转化率高等优势的汉能薄膜共计240张作为发电组件，每张组件可发电0.63千瓦，在屋顶小范围铺设300平方米，年发电约14000度。

就这样，被遗忘多年的政务中心屋顶又重新回归人们的视野。这次，它不再因为漏水问题被抱怨，被嫌弃，而是摇身一变，成为光伏发电的绝佳场所。这虽然只是机关事务管理局开展光伏发电的一小步，却彰显了他们顺应国家政策、落实公共机构节能的决心。

匆匆几年过去，政务中心屋顶的分布式光伏发电项目运行良好，效益稳定。2016年7月，成都市机关事务管理局郭杨局长调研简阳，在参观了分布式光伏发电项目后给予了高度评价。郭局长认为光伏发电在公共机构节能方面是看得见摸得着的东西，要求市局节能效能处来简阳参观学习，向成都市全面推广。2017年，简阳市机关事务管理局被成都市机关事务管理局授予公共机构节能工作先进单位。

得到领导的肯定后，简阳市机关事务管理局的同志们不仅干劲更足了，也更加坚信分布式光伏发电项目是可行的、有广阔发展前景的项目。

而今迈步从头越

然而，正当大家兴冲冲地开会研究新的建设方案时，却发现扩建看似简单，实则困难重重。首先，如果要扩大规模，那最好的方法便是对整个机关事务管理局屋顶2000多平方米做统一规划，全部铺设光伏发电装置。这个想法虽然好，但由于建设面积扩大了近7倍，需要的资金数额太大，实施起来很不现实。其次，前期使用的发电材料汉能薄膜由于制作工艺及成本的限制，并不是可供大面积铺设的理想材料；再次，行政服务中心需要接待市民办理相关业务，建设过程中工人、车辆、设备和噪声等都会对日常工作造成影响。

在这种情况下，谁都不愿意负责这个吃力不讨好的工作，而新上任的简阳市机关事务服务中心胡桃红主任（2019年，因机构改革，机关事务管理局调整为机关事务服务中心）却十分看重这个项目，决定亲自挂帅，接下这个光荣而艰巨的任务。

为了让项目尽快落实，胡桃红主任立即组织专项小组全程跟进，共同商讨解决办法。经过几轮研究，最终决定采用天合光能275瓦组件。该品牌为国内一线品牌，在发电吸光方面比其他品牌更稳定，质量也更好。至于建设过程中的噪声问题，在多次调解无果后，为了不影响机关事务服务中心的正常工作，专项小组把施工时间安排在周末，并加强各方面配合，提高效率，尽量不影响整体施工进度。在项目资金方面，仔细研究了相关文件的胡桃红主任想到，如果将政务中心屋顶以国有资产的形式出租给企业，由企业投资来进行设备、设施和仪器的采购和安装，并将所发电的收益支付给企业作为回报，不仅可以解决资金问题，又能一定程度上减少用电支出，岂不是两全其美?

问题接连得到解决，胡桃红主任连日紧锁的眉头终于舒展开来。为继续发挥分布式光伏发电项目对成都市各区（市）县的示范引领作用，机关事务服务中心牵头，市经科信局、市发改局、市供电公司等部门积极配合，通过公共资源交易服务中心网上公开竞标、公开采购，最终确定由某新能源公司实施363千瓦分布式光伏发电项目。在机关事务服务中心屋顶租赁合同有效期的15年内（含第15年），由该投资方收取发电收益。期间，项目所有由该新能源公司采购并安装的设备、设施和仪器等固定资产（简称“项目资产”）的所有权属于新能源公司，合同期满后，所有项目资产的所有权归人民政府，其产生的经济利益归财政。该新能源公司负责节能项目的投资、建设、运营，分布式光伏发电项目所发电量接入政府配电房。按照“用户自用，余量上网”原则，项目所发电量优先供机关事务服务中心使用，实现办公节能降耗。

硕果飘香溢满楼

该项目投资总额450万余元，采用1322块单品组件、5台60千瓦、1台50千瓦的固德威变送器及线缆和直接钢结构，铺设面积达2000平方米，完整覆盖机关事务服务中心整个屋顶。该光伏电站预计使用年限为30年，发电总量约为10473000度。每年可替代标准燃煤1287.13吨，减少二氧化碳排放量3179.21吨，减少二氧化硫排放量25.74吨，减少烟尘排放量12.87吨。能源公司年节能效益约为34.087万元（平均电价0.89元/度，年均发电383000度）；机关事务服务中心屋顶租金每年30480元，光伏发电15年后预计年平均收益为28.05万元（平

均电价 0.89 元 / 度，15 年后年均发电量为 315200 度），预计 30 年可为市财政节约 466.47 万元。

从 2015 年的小面积试点开始，分布式光伏发电项目便凝聚了机关事务服务中心上上下下无数工作人员的心血。从无到有的摸索，从小到大的蜕变，从政府投资到合同管理的变革，无一不证明了分布式光伏发电项目是成功的，具有开创性和可持续性。2019 年，成都市机关事务管理局领导对分布式光伏发电项目给予高度评价，表扬机关事务服务中心分布式光伏发电项目走在了全市的前列，并将清洁能源推广试点工作纳入成都市目标考核，向成都各区（市）县推广。

该项目不仅形成了带头效应，吸引了一批又一批的相关人员前来观摩学习，还被应用于扶贫项目上。简阳市机关事务服务中心分布式光伏发电项目在政务中心屋顶的成功建设，鼓励和引导了各村（镇）建设分布式光伏发电项目，切实改变了农村用电不足的现状，同时提高了农村集体经济收入，增加了农民收入，提升了农民生活品质。光伏发电的应用及推广，对于调整能源结构、推进能源生产和消费革命、促进生态文明建设具有重要意义，特别是将对公共机构光伏项目试点起到良好的引领带头作用。通过“政府主导、企业能动、全民参与”，简阳市加快推动生产体系、生活方式、生态环境绿色化，改善大气、水、土壤质量，“望得见山，看得见水，记得住乡愁”的愿景将更快实现。从 2017 年起，简阳市新市镇金星村、农场村、新庙子村、界牌村分别投资 46.213 万元、48.645 万元、48.645 万元、48.645 万元，建成 40.185 千瓦、42.3 千瓦、42.3 千瓦、42.3 千瓦四个太阳能分布式光伏发电项目，现已顺利运行。

项目从无到有，规模由小到大，设备更新换代，政策紧密配合。简阳市机关事务服务中心屋顶的光伏发电项目既是无数工作人员对公共机构节能事业的积极响应，也彰显出攻坚克难、与时俱进的决心。

EMC 模式实现三方节能受益

2018 年 6 月，成都市新都区人民医院整体节能改造项目基本完成，经考核验收，成功创建国家级节约型公共机构示范单位。在新都区人民医院、政府以及节能公司三方的紧密合作下，合同能源管理机制节能新模式——（Energy Management Contract, 简称 EMC 机制）运行良好，人民医院的能耗难题得以解决，新都区的节能创建工作也取得了显著成效。

压力山大：能耗突增运转不灵

成都市新都区人民医院始建于 1927 年，坐落于成都市北，历经几代人的建设，已然成为集医疗、教学、科研、公共卫生服务为一体的国家二级乙等综合医院和新都区区域医疗中心。

2014 年 7 月 2 日，新都区人民医院新院区正式开诊。由于规模扩大、能耗增加，医院的运营成本也大幅增加。“老院区的建筑能耗较小，一年运行下来总额大概四五百万元。搬到新院区后，医院建筑能耗翻了两番，年运行总额高达 1200 多万元”，新都区人民医院副院长冯光成对此很是发愁，“现在新院区每天的电费能达 1.1 万元，冬天、夏天两个高峰期，每天电费高达 2.3 万元。医院运营顶着很大的压力，我也很着急”。为了缓解能耗压力，医院曾尝试从后勤节能方面入手，通过“节流”的方式降低运营成本，但也只是杯水车薪。如何有效节能，成为新都区人民医院最为棘手的问题。

正当医院因节能减排问题一筹莫展时，新都区政府节能科也在苦苦筛选适合创建“国家级节约型公共机构示范单位”的主体。新都区政府对这项工作高度重视，组织相关部门对全区公共机构进行摸底。经过前期勘查、节能服务公司现场评估，以及有关专家综合研判，新都区人民医院凭借能耗大、示范作用强、预期效益佳等条件成功入选，新都区人民医院国家级节约型公共机构示范单位创建工作随即被提上日程。

对症下药：EMC 机制大显身手

虽然被确立为节能创建示范单位，得到了政府的政策支持，新都区人民医院依然面临资金短缺的重大难题。如何用有限的资金扭转运营现状，是政府和医院面临的核心问题。为切实推进节能工作，政府协助医院请来相关领域专家多次进行实地考

察，共同商讨解决方案。经过前期勘测和反复研讨，专家组针对医院资金不足这一情况，提出了“合同能源管理机制”。

“合同能源管理机制”，简称 EMC 机制，是 20 世纪 70 年代在西方发达国家发展起来的一种基于市场运作的节能机制。简言之，就是通过项目招标引入社会资金，以合同化能源管理的方式进行节能改造，由节能服务公司承担技术改造的全部资金，待到节能项目完工、投入应用并产生节能效果后，再从节省下的资金中按比例获取分红，直至合同期满。

对于新都区人民医院来说，这一模式可谓是现有条件下的最佳选择。首先，在 EMC 机制下，节能服务公司负责承担医院节能改造项目实施的全部费用。如此一来，医院便可以在不花分厘的前提下推进节能改造项目的运行，有效地降低了项目实施的风险。其次，在节能改造完工后，医院将与节能服务公司平分节约下来的能源费用。同时，合同期内全部节能设备的运行维护由节能服务公司承担。在这个模式下，政府牵线搭桥，专家调研分析，公司献计出资，医院具体落实，各方分工明确，各司其责。如若运行得当，该模式将在新都区人民医院节能创建项目中发挥至关重要的作用，该试点也将成为新都区节能创建工作上的一大里程碑。

雷厉风行：节能技改迅速推进

模式既定，选择一个好的节能服务公司便成了当务之急。选择是双向的，医院

要根据公司的资质、业绩等做出相应的评估与衡量，公司也要考察医院的能耗现状和节能改造空间。经过细致周密的双向考察，浙江某节能科技公司竞标成功，负责新都区人民医院节能创建的一系列工作。医院依托省、市政府专门制定的合同能源管理相关文件引入社会资金，有序推进节能改造工作。

一个新想法、新技术，只有在实际应用中才能得到检验。协议达成后，新都区人民医院的节能创建项目即刻开始实施。为了明确能耗情况，找准整改发力点，医院请来了第三方能源审计公司，专门对医院的能源损耗进行了审计，查找能源损耗严重的环节。最终，项目确定了“一平台四改造”的整改方案。

“一平台”是指建设能源监管平台，实现对医院水、电、气等主要用能设备的科学管理。该平台可以完成医院各科室用能的分项计量、自动记录和对比分析，还将实现基础数据与上级主管部门系统数据直接对接，同时对用能设备进行监控、报警，方便工作人员的操作和管理。“四改造”是指四项操作性强、节能效果明显的改造方案，其中，中央空调系统及手术室空调系统节能改造提高了医院整体空调系统的能效比，同上一年对比，节能率达到了23%，切实降低了能耗；雨水回收系统节能改造实现了雨水的回收利用，基本满足了医院的绿化灌溉，减少了医院水资源的消耗，一年能够节省接近8万元的经费；绿色照明系统节能改造最大限度地节省了医院的照明能耗，将不必要的能源耗损降到最低。节能公司将医院15438盏灯具悉数更换为专利公司节能型LED灯，绿色高效照明覆盖率达到了100%，综合节能率高达45%；生活热水系统节能改造在最低能耗情况下，即在每个月节水达400吨，节能率高达75.9%的同时，还能保证全年365天24小时不间断供应热水，彻底解决了患者和医护人员“热水短缺”的问题。

在节能改造中，施工噪音不免对患者造成了一些不良影响。对此，医院积极应对，在病人入院时便提前告知施工情况，寻求理解，并在各个临床科室张贴提示语，说明情况。“我们一般在下午四点以后进行施工，这时候门诊、治疗大多都已经结束了。若有特殊情况，医院也会提前告知员工和患者，将影响降到最低，请求患者理解，”副院长冯光成解释说，“要把工作做在前面，分工明确、责任到位，把握好过程管控，才能保证项目的实施。直到改造结束，我们没有接到过一起投诉。”

施工结束后，医院后勤部针对病患开展的满意度调查显示，病人的满意率由之前的60%增长到了83%，整个节能改造工作大幅提升了病区环境的舒适度。消化内科护士长叶蓉蓉笑着说：“改造后，热水温度相对稳定，医生和病人都方便了许多，不会再被意外烫伤，大家洗手也很舒服。”后勤副主任黄琴表示：“节能改造不仅为大家提供了便利，还节约了很多不必要的能耗，降低了医院的运营成本，对医院来说再好不过。”

大功告成：节能经验复制可期

2018年6月，新都区人民医院整体节能改造项目基本完成，相关部门及专家组对其进行验收并开始试运行。同年11月，国家级节约型公共机构示范单位创建工作考核验收组对新都区人民医院进行了评价验收。

在多方共同努力下，新都区人民医院凭着完善的体制机制、规范整齐的台账资料、扎实有效的数据成果，以高分通过验收，成功创建国家级节约型公共机构示范单位。新都区人民医院每年可以节约电能消耗97.43万度，节约燃气消耗11.47万立方米，节约自来水4500吨，平均每年节省能耗费用超过106万元，2019年同比下降了13.2%，折算为标煤量是每年260吨，二氧化碳减排量每年702吨。新都区历时540天的节能示范创建工作圆满完成。

近年来，“合同能源管理机制”不断被全国各地公共机构单位采用。在国家级节约型公共机构示范单位创建的工作中，不论是项目的实施过程，还是最终成效，新都区人民医院都无疑是成功典型。这主要体现在以下几个方面：首先，该国家级节约型公共机构示范单位的创建实现了双赢，节能公司在整个项目中投入388万元，通过分成收回投入，按照 8 年合同期分成，预计节约总能耗近 800 万元，医院依据合同可获利 200 万元；合同期满，医院还可无偿获得全部设备。其次，在项目实施过程中，节能服务公司为医院免费培养了大量的节能专业人才。每逢公司对设备进行维护时，医院都会要求专业人员对医院机电组的工作人员及时进行专业设备的操作和管理培训，以保证医院的工作人员掌握先进的节能技术和管理方式。再者，医院通过创建和加强自身的管理获得了四项殊荣：第一，经过国家机关事务管理局、发展改革委、财政部联合评审，获评国家级节约型公共机构示范单位；第二，在创建期间，申请了中央空调和水泵节能系统、加湿器水处理系统以及在线清洗装置的冷凝器等三项国家专利；第三，被成都市节能减排应对气候变化工作领导小组评为成都市绿色低碳示范单位；第四，被新都区水务局、机关事务管理部门评为新都区第二批节水型单位。此外，新都区人民医院撰写的技术案例——《首次使用净化空调系统运行工况的偏离和纠偏》在 2018 年被全国医院评为经典案例；医院还在 2019 年完成了做好节能减耗建设智慧医院的创建，在全国医院擂台赛中获得了西南赛区的优秀案例奖和最佳人气案例奖……

作为新都区人民医院节能工作的负责人，副院长冯光成是项目最为尽职的督导

者。鉴于国家级节约型公共机构示范单位的成功建设，他对 EMC 模式做出了以下评价与经验总结：合同能源管理优势明显，相较于传统的节能模式，节能效率更为显著，其节能效率一般在 10%~40%，最高可达 50%，而新都区人民医院的实际节能率达到了 23% 左右；节能工作全部的设计、审计、融资、采购、施工都由节能公司来负责，项目方零投资，省时、省资金；节能公司提供能源诊断、节能方案、项目设计施工等全方位的服务，全面负责能源管理，采用先进的节能技术和产品，保障了节能工作实施的稳定性；合同能源管理模式还改善了医院内部的现金流，使得医院能够统筹利用这笔资金促进其他领域的发展；医院后勤、机电、动力系统管理技术和保障能力大大提高，提升了医院综合竞争力。作为国家级节约型公共机构示范单位，成都市新都区人民医院的示范引领作用尤为显著。自通过验收以来，新都区人民医院作为公共机构节约能源资源的教学点，先后接待了国家机关事务管理局，以及新疆、宁夏、陕西等公共机构节能主管部门负责人等共计 90 余人次参观学习。此外，大连市、海口市机关事务管理局，成都市其他区（市）县和区内各公共机构以及全国的 16 个省市医院同行也先后到医院参观学习。

“做任何事情都是以理念为先。我院在建设节约型示范单位时始终紧扣中央精神，贯彻习近平生态文明思想，并以此为最高依据，在建设过程中同样注重医院的实况，具体问题具体分析，”冯光成谈道，“国家有所呼吁，我们一定心向北京。作为被选定的创建单位，我院将在接下来的节能减排工作中积极发挥示范引领作用。”

“节能还有很长的路要走，这还只是一个开始。只有人人参与节能，才能把节能工作推着走。”冯光成深有感触地说。新都区的节能工作绝不仅限于区医院的节能示范单位创建，更不会止步于此。只有将节能减排从工作层面深入到日常生活之中，让节能减排成为百姓的习惯，实现人人参与、人人管控，方能实现人人节能。

节能之路，任重而道远。

节能技改篇

Technological Reforms

绿色发展需要依托科技力量与“智能”资源，需要依靠科技创新破解绿色发展难题，特别是关键技术难题。可以说，科技是节能减排工作取得突破的重要动力。以科技与智慧为支点，开展电网谐波治理、空调冷媒更换、电梯能量回馈等节能技术改造，着力破解能源消耗难题，成为节能减排、绿色发展道路上的“硬核”力量。

硬核技改助推科学降耗

随着社会的发展进步，病人对医院的服务质量、就诊环境等要求越来越高，医院的建设规模以及设备投入都要跟得上形势，从而带来了电、水、气等资源用量的大幅度增加。如今国家倡导建设节约型社会，把能源消耗降下来是当前社会迫切需要解决的事情。如何把能源消耗降下来？坐落于“天府金彭，蜀汉名区”——彭州市的彭州市人民医院，利用节能减排新技术，在这 3000 多年前古蜀国建都立业的核心区域，走出了一条以绿色技术创新带动节能减排的科学道路。

算两笔账，求最优解

“不论是算经济账还是算环境账，对中央空调的节能改造都势在必行。”彭州市机关事务中心副主任刘星总结说。

刘星结合近几年医院能耗数据，仔仔细细地算了一笔账：从经济账来算，医院60%的耗能集中为电耗能，每年需要花费近400万元电费，而空调一直是耗能大户，占到了电耗能的45%。从环境账来算，如果以一个百万机组火电厂标准煤耗280克/千瓦·时来计算，一家拥有1000~1500张床位的医院每运行一个小时，中央空调就需要耗费几百吨的标煤，同时向大气中排放大量的二氧化碳。面对如此量级的经济压力和环境压力，节能改造的第一刀理所当然地落在了中央空调上。

空调改造一直是节能减排的重要环节，本次节能改造找到了新的节能突破点——从“系统”出发。负责技术改造的工程师唐波解释说：“空调分为冷水机组、冷冻循环水系统、冷却循环水系统、冷却塔风机系统。在过去，冷水机组耗能极大，占到了整个机组耗能的78%，由于近年来冷水机组效率不断提高，耗电比已经逐渐下降到58%左右。因此，要想进一步节能，就必须在整个系统上想办法。”

中央空调的运行主要受到建筑内部温度变化产生的冷热负荷影响，在未经改造的中央空调中，无论冷热负荷如何变化，冷却水循环系统以及冷水循环系统都是定流量的。这即是说，无论空调开多高的温度，水循环系统的泵功率都是固定的。降低10℃需要10千瓦来循环冷却水，降低1℃还是需要10千瓦。这种“大马拉小车”的现象必然造成大量能源白白浪费。同时，由于泵的特性，其运行过程有一个耗费能量低、冷却水循环量大的工作功率范围。因此，设计一个可变的、在工作功率范围内可优化控制流量的智能系统，是空调改造的必经之路。

“经过多次研究，我们最终决定

以‘温差优化（Earth Wise）+ 流量优化（VPF）+ 冷却塔优化（Cooling Tower Optimizatior）+ 控制优化（Tracer Summit）’组合系统进行中央空调的改造。”唐波介绍说。在不同位置安装空调“侦察兵”——空调传感器，以获得各部门需要调节的温度，从而调整空调冷却水流量，使得主机的制冷量与现场所需冷量完全匹配，达到中央空调系统的整体最优效能。

这次改造不是单一设备的优化，而是从整体入手的系统温差最佳化，能够节省主机、泵以及冷却塔的整体耗电量。考虑到主机性能及运转特性，改造时还加装了专门的控制系统，以免造成换热器及冷却塔能力的降低。

与此同时，医院还配套安装了窗磁感应器与温控器通信设备，彻底解决了长期困扰医院的开窗开空调现象，还能够对系统运行状态进行实时监控与各种数据统计，实时跟进整个系统的运行情况，确保系统节能效果达到预期。

控“气老虎”促节能减排

在能耗排名中，若说中央空调排第一，锅炉应该能排第二。锅炉是有名的耗能大户，由于用气量巨大，在过去常常被称为“气老虎”。但锅炉提供的蒸气被广泛应用于医院消毒、制备、洗衣、取暖、空调、洗浴等各个领域，不能随意减少用气量，这也常被锅炉师傅们戏谑为“气老虎摸不得”。

“既然老虎摸不得，那就把它关进笼子里。”唐波说道。为了把“气老虎”关进节能减排的“笼子”里，彭州市人民医院下足了功夫。通过对医院燃气系统的整体摸排以及对耗能细节的逐一甄别，医院提出了加装空气源热泵热水器和加装烟气余热回收装置的节能方案。

“空气源热泵热水器，简单来说就是从空气中获得热源，”唐波介绍说，“这种热泵热水器主要由压缩机、冷凝器、膨胀阀、蒸发器四部分组成，它的工作原理和空调类似，通过压缩水将外部空气中含有的热量转换为水中的热量，使水温度升高，从而达到供应热水的目的。”空气源热泵热水器从空气中获取了大量的免费热能，有效降低了能耗。据统计，该技术引入后，医院的热水能源费用足足减少了四分之三。

除此之外，空气源热泵热水器在环保性和安全性方面也表现突出。在热水器中，传统的换热介质含氟，易对臭氧层产生破坏。而空气源热泵热水器采用了无氟的换热介质，减少了对环境的破坏。同时，它实现了真正意义上的水电分离，从根本上杜绝了漏电、干烧、爆炸及中毒等危险情况，消除了传统热水供应设备的安全隐患。

烟气余热回收也是医院一项重要的节能改造工程。1 立方米天然气燃烧后会放出 9450 千卡的热量，其中显热约为 8500 千卡，水蒸气含有的热量（潜热）约为 950 千卡。对于传统燃气锅炉可利用的热能就是 8500 千卡的显热，供热行业中常规计算天然气热值一般以 8500 千卡 / 立方米为基础计算。因此，天然气的实际总发热量 9450 千卡与天然气显热 8500 千卡的比例关系以百分数表示为 111%，其中显热部分占 100%，潜热部分占 11%。医院目前使用的传统燃气锅炉排烟温度接近 230℃，这些烟气含有 8% ~ 15% 的显热和 11% 的水蒸气潜热，很多热量被白白浪费掉了。为此，医院通过加装烟气余热回收装置以及烟气冷凝装置，实现了能源的有效利用。

加装的烟气余热回收装置可以将烟气携带的热量转换为可利用的热量，预热空气以帮助高效燃烧。“我们现在采用了热管式空气预热器回收烟气余热，这一技术能将锅炉进风温度提高到 120℃以上。炉膛温度的迅速提高有利于炉膛内燃料的充分燃烧，燃料使用量相应减少，这使得锅炉热效率提高了 5% 以上，节能效益相当显著。”唐波介绍说。

通过冷凝器把烟气中的水蒸气变成凝结水，能够最大限度地回收烟气中含有的潜热和显热。对锅炉的改造可使回收热量后排烟温度降至 100℃左右，同时烟气冷却后产生的凝结水也可以及时有效地排出（$1Nm^3$ 天然气完全燃烧后，可产生 1.66kg

水），羰基硫（COS）、一氧化碳（CO）、氮氧化合物（NO_x）等有害物质也会溶解在凝结水中，并随之排出，大大减少了有害气体向大气的排放。热量回收时产生的大量冷凝水，可用于锅炉补水或其他工业用途，起到了明显的节能、降耗、增效、减排和保护锅炉设备的作用。“以前医院的烟囱经常有很多白烟，现在明显少了很多，真正感觉到医院对环境的污染变少了。”医院附近的居民李敏说道。

“堵”不如“疏”，抓能量回馈

“电梯运行需要耗电，而我们医院的电梯可以发电！”提到电梯节能改造，刘星笑着说。原来，彭州市人民医院为所有运行电梯都安装了能量回馈装置，实现了能源的再生。

彭州市人民医院有大大小小电梯几十部，每日运行次数及载客量巨大，用电量仅次于空调。“电梯的频繁制动，消耗了大量电能，其中有近30%的电能以发热的方式消耗在了制动电阻上。有些情况下，机房散热的空调和风机等设备的耗电量甚至超过了电梯本身。”提起电梯能耗，工程师唐波有些头疼。电梯属于医院的重要的基础设施，电梯运行能耗是必要的能耗，而技术层面上的节能降耗却很难实现。

经过精心考量，医院萌生了电梯改造的新想法——既然不能从降低能耗上做文章，不如换个思路，从能源再生上入手。比如，充分利用电梯制动的能耗，让电梯自己“发电”？

电梯改造的核心是安装能量回馈装置，它的基本原理其实并不复杂。电梯是依靠曳引机的转动上下运行的。曳引机是一种电动机，通常我们认为的电动机都是耗电的，但它也能通过动能发电，从而成为一台发电机。电梯约有一半的时间处于

重物向下运动的过程中，这时的重力势能可转换成为动能，并通过曳引机转换成电能。此时电梯的曳引机处于发电的状态，特别是在电梯减速制动的过程中，发电量会更大。这有点类似于常见的自行车车灯原理——利用车轮的转动，带动一个小型发电机，其所产生的电量足以点亮照明灯。

当较重一方向上运行时，电梯处于耗电状态；相反，当较重一方向下运行时，重力就拖动曳引机旋转使机械势能转变为电能。以往传统电梯无法回收曳引机产生的电能，电能反馈到变频器的直流母线端，并通过一个大功率发热电阻进行消耗。现在这套自给式电能回收系统能有效地将下降过程中发出的电能储存于储能器件中，并在电梯下次上升时优先被使用，达到了节约电能的目的。“直观地说，就是利用制动电梯的能量，将其转化为电能，供设备使用。如此，可将电动机的再生电能高效回送给交流电网，减少了电量的浪费。”唐波介绍说。据医院统计，光这一项技术的改进就节约了35%的电梯能耗。

而电梯改造的意义不仅在于对能源的节约，更在于对公共机构节能减排工作思路的启发。刘星表示：“电梯改造不仅实现了有效节能，更重要的是改变了我们的节能思路——从过去的‘堵’变成现在的‘疏’。我们之后的节能减排工作也将围绕这个核心思想来做。”

技术改造是推动节能减排最实用、最“硬核”的方式，通过一系列技术改革，彭州市人民医院每年节约能源总费用达到100万元，医院总节能率为17%，节能减排成效显著。在节能改造中释放科技创新的力量，让科学减排之路越走越宽，也让蓉城的天更蓝、山更绿、水更清。

绿色发展，承载千年古蜀文明

博物馆是一个城市、一个地区，乃至一个国家的文明象征，在这里，历代人类征服自然、改造自然的辉煌成绩都化作静默的文物。发展的今天，是未来的历史。今天，珍贵的能源与人类的生存发展日益难以分割，节能减排成为人类社会可持续发展的必由之路。在绿色发展的“千年大计”里，记录人类历史的博物馆，也落下了自己浓墨重彩的一笔。

在古蜀文明的中心，“太阳神鸟”惊艳现世。作为文明传承的媒介、历史瑰宝的载体——金沙遗址博物馆陈列馆在金沙遗址原址建馆，使 3000 年前的文明得以保存。金沙遗址博物馆既展示了古蜀文明质朴而深沉的艺术魅力，又全面反映出公共机构的时代精神。

光影折射节能理念

位于成都市西郊的金沙遗址博物馆，距市中心仅仅5公里，东临青羊大道，基地内有摸底河穿过。夜色渐浓时，站在地铁七号线金沙博物馆站出口就能看见一簇灯柱从博物馆升起。

成都处于静风区，全年，尤其冬季的可利用阳光相对较少，气温相对不高且比较潮湿。金沙遗址博物馆的两大主体建筑——陈列馆和遗迹馆是文物保护的重点单位。金沙博物馆的建筑需积极适应当地气候，适时、适地、适度，以减少对遗址的影响。

进入金沙遗址博物馆四号厅，在建筑的中央位置有一个充满阳光的中央庭院，纤细的柔索结构将太阳神鸟标识悬于庭院顶部。这里名为“冥想空间”，是响应了中央提出的“统筹人与自然和谐发展”理念的先锋设计。

神鸟图案的光影投射于庭院的弧形壁面上，随着时间变化而不停运动、变换。“在‘冥想空间’可以得到最舒适的体验，因为这里最接近自然。”常来金沙遗址博物馆参观的王阿姨笑着说。“冥想空间”不仅为观众提供了静思冥想的绝佳场所，还起着保护文物、绿色节能的作用。

冥想空间的玻璃柔索结构可以直接利用自然光实现照明，同时实现自然通风和空气自然交换——暖而轻的热空气会自行上升，而比较重的冷空气则自然下沉。这样，一冷一热两股空气实现自然交换，区域便可以自然通风。

自然空气流通的同时，四号馆的一层和负一层也通过玻璃实现了自然采光，既减少了公共区域中央空调的使用时间，也减少了照明电能消耗。

独具匠心的中庭设计，不仅可以营造一个干净、宽敞的空间，还能利用热压促进夏季自然通风及冬季温室营造，提高室内舒适度并节约能源。金沙遗址博物馆采用温湿度环境独立控制策略及系统，有效地解决了湿度大的问题，提高了室内空气品质和舒适性，并实现了能源的高效利用与节约。

对于展柜里密封性良好的文物来说，LED灯具紫外线含量少，灯体散热更少，能有效减少对文物的损伤。此外，较低的经济成本也使得LED灯具的使用成为大势所趋。因此，早在2016年，博物馆就将馆内原有照明灯具全部更换为LED灯具。LED灯具的推广不仅能更好地保护文物，同时还有益于经济节能。

据金沙遗址博物馆设施设备管理处工作人员介绍：“在节能方面，博物馆使用LED灯具达到了非常好的效果。LED灯的功率仅几瓦，而一个普通灯泡的功率则是25瓦。”

2016年市场上的LED灯具价格与同规格的普通灯具和节能灯存在10元左右

的差价。虽然LED灯具贵一些，但是将普通灯具和节能灯具替换为LED灯具后，节约下来的电费不仅可以填补前期支出，而且还有节余。此外，LED灯具较普通灯具和节能灯有着更长的使用寿命和更高的亮度，投用后大幅延长了灯具的使用时间，也节约了大量人力维修成本。

博物馆还在展出时间较长的文物展柜外安装了人体红外感应装置。观众靠近展品时柜内灯光自动开启，观众参观完毕离开后灯光自动关闭，这样不仅可以极大减少灯光照射展品的时间，起到保护文物的作用，也减少了持续照明所产生的电能消耗。

以水为媒推动节能

金沙遗址博物馆位于成都平原的东南边缘地带，地势平坦，起伏较小，遗址内及周围河流较多。遗址的南面1.5公里处是清水河，摸底河在遗址内蜿蜒东流，将遗址分为南北两半。人们看得到的是河流两岸的绿树成荫，看不到的则是场馆地下水的节能之旅。

博物馆附近有常年保持在10℃左右的丰富的地下水资源，深埋地下50米的管道将地下水抽到馆内空调机组房。地下水经过处理和调节达到需要的温度，被输送到全馆，从而实现温度调节。因为只是经过简单的处理，水在流通过程中不会受到化学污染，过滤后可直接回归地下。

“取之于自然，又回归于自然，充分尊重自然。”博物馆中央空调系统的运行践行了这样的生态观。单螺杆式地源热泵中央空调机组以地下水作为冷热源，既可制热又可制冷。相比于传统的中央空调，地源热泵中央空调节能控制体系具备更高的自动化水平，安全高效，节水节能。

夏季，热泵机组从室内吸收热量并转移释放到低温的地下室，实现建筑物制冷，以保持馆内25℃左右的室温。冬季，热泵机组从浅层水体中吸收热量，向建筑物供暖，只需把水温从10℃开始提升，比起原来从0℃开始提升，制冷电能消耗减少了30%~40%。

在博物馆里，利用地下水不仅仅是为了降低电能消耗，更重要的是为了保护馆中的珍贵文物。

正如国家文物局局长刘玉珠所说："博物馆首先是保护文化遗产的机构，尤其是对遗址类博物馆和以古建筑为主体的博物馆而言，文物安全、文物保护是第一位。"据国家文物局调查统计，全国有55.6%的馆藏文物遭到了不同程度的破坏，其主要原因是库房环境不达标。博物馆库房作为文物保护重地，是整个博物馆的核心部分。而造成环境不达标的主要原因就是环境温湿度的不达标。

博物馆库房温度过高会造成文物所处环境微生物大量繁殖，而微生物繁殖的原料就是纸质文物中所含的纤维素。库房湿度升高，则会造成环境中霉菌大量繁殖，从而造成金属氧化生锈、纸张发霉等负面影响。如果博物馆库房密闭性不够，内外温差则会导致凝露现象。因此，对金沙遗址博物馆众多文物的保护工作来说，温湿度的控制尤为关键。

目前，金沙博物馆陈列馆各个小空间均采用"风机盘管+新风形式"调节温湿度，风机盘管采用低面风速型，可大大减少能量损失；展厅、多功能厅等大空间采用全空气系统，设备风机选用高效风机，减少噪声影响；对湿度有要求的空间则采用溶液除湿，减小用电负荷。

"环保、节能、节水，满足用户需要"是地源热泵研发设计的主题理念。所谓地源，就是地壳浅层的水体和河岩石体中储存的大量清洁可再生的太阳用能。而金沙遗址博物馆的地源热泵中央空调系统，是以地下水为低温能源，由水源热泵机组、地热能交换系统、建筑物内系统组成的供热系统。

此外，政策的支持是促进地源热泵系统迅速推广使用的又一大原因。地下水资源是国家严格控制的资源。"在整个成都范围内众多博物馆中，只有不超过五家正在使用这一套利用地下水的中央空调系统，"工作人员说，"在2007年就能够使用这样一套系统，足见国家对金沙遗址博物馆节能可持续发展的重视。"

因地制宜的生态观，贯穿在博物馆的

日常工作中。

“利用先进的地下水控制系统和红外线感应水龙头，一年可以节省10000吨水。”金沙遗址博物馆的工作人员说。

而根据水利部发布的2018年度《中国水资源公报》，2018年全国人均综合用水量为432立方米，也就是说博物馆一年节省的水量约等于23个人一年的用水量，这意味着该控制系统在严重缺水的地区可以惠及更大的群体。

绿色发展文化底色

2018年2月11日，习近平总书记赴四川视察，在天府新区调研时首次提出“公园城市”全新理念和城市发展新模式。“未来整座城市是一座大公园。”成都市规划设计研究院副总工程师唐鹏说。作为成都的重要名片，金沙遗址博物馆也在实践中积极践行这一理念。

公园城市是一个新的理念，是原来田园城市、花园城市、园林城市的升级版。在当今的城市规划设计中，“把公园融入城市当中”理念将引领城市未来发展。金沙遗址博物馆的园林区以“自然之美，草野之趣”为设计理念，绿化覆盖率高达80%，是博物馆的有机组成部分。在园林区中，树木和植被根据不同的特点分布在不同区域：主要游览道路两旁栽种了四川盆地非常古老的树种银杏、水杉、针楠等，樱花林、桃花林、梨花林、芙蓉林、腊梅林等点缀园区各处，竹林、灌木簇拥在博物馆建筑周围。

线下，水草丰茂的西山水景广场、树林葱郁的玉石之路、绿带拥簇的摸底河岸吸引着广大游客；线上，网络平台宣传生态里的“加减法”同样引起了公众注意：少搭乘一次电梯，就能减少0.218千克碳排放；少开冷气一小时，就能减少0.621千克碳排放；少吹电扇一小时，就能减少0.045千克碳排放；省一度电，就能减少0.638千克碳排放；省一吨水，就能减少0.194千克碳排放；省一方天然气，就能减少2.1千克碳排放……所谓节能，必须坚持不懈，才能聚沙成塔。

前任故宫博物院院长单霁翔认为：“博物馆是一座城市的文化坐标，是城市文化的重要组成部分。这说明博物馆不仅是收藏和保护文物的公益性文化事业单位，还担负着开展宣传教育的社会职能。”

博物馆不仅要促进自身发展，成为绿色博物馆，走在时代前沿，还要延伸自身职能。在寻求生态可持续发展的时代背景下，博物馆的节能设计，不仅仅能够赢取参观者的信任，还能够培养参观者的节能意识，让节能理念深入人心。

文物不语，但浸润蜀地千年文脉的山川草木和浸染古老文化气息的蜀人都在用自身的行动延续节能的精神。

不仅是金沙遗址博物馆，在武侯祠博物馆、杜甫草堂博物馆、成都图书馆等众多文化场馆的工作议程上，节能减排总占据着一个固定的、不可替代的位置。

作为文旅事业的服务与管理机关，成都市文化广电旅游局不仅要努力做好节约型机关建设，指导各文化场馆紧抓自身节能工作，更要充分利用所属文化场馆人流量大、宣传窗口作用明显的特点，积极做好节能宣传工作，让市民感受本国文化的源远流长，将节能环保的理念带给大众，实现双赢。

至今，金沙遗址博物馆已接待中外游客数百万人次。作为"看见"成都的一个窗口，公园城市的一隅，金沙遗址博物馆将在保留、传承古蜀文明的同时，向游客播撒节能的理念，发挥重要的环保节能宣传教育功能。

芙蓉城杏林春暖，多角度智推节能

“日晚庭风落，时闻药草香。”清秋时节，竹苑榻上，明代诗人王微写下庭风徐徐，药香悠悠。踏入成都市双流区中医院大厅，药香便扑鼻而来。从煎药罐子到智能化煎药机，从排长队人工挂号到多功能自助终端缴费，双流区中医医院将智能绿色发展与药香融合，与时俱进，提升就医环境与医疗服务。

“仁爱济世，和谐文明，锐意进取，争创一流。”位于成都市双流区东升街道花园路二段300号的成都市双流区中医医院，在2019年正式获批成为国家三级甲等中医医院。与高水平医疗服务的三甲医院称号并进的，还有医院的能源改造工程。人工管理与智能管理相结合，使得用能更高效，多角度的细节与沟通也使病人在享受优质就医服务的同时，将绿色发展的理念悄然扎根心间。

双流区中医院节能改造工程2017年9月立项，2018年5月完成招标工作，2018年8月10日正式开工，2019年1月15日正式通过验收并投入运行，整个现场施工共耗时5个月。

管理：组合最优解

“有了能效管理系统，在手机上就可以看到医院空调系统工作状态。”负责能效管理平台的工作人员说。工作人员口中的能效管理系统，是由医院工程部和四川某节能科技有限公司联合管控的一个节能项目工程。

作为医院能效管理的“天眼”，能效管理系统的全景画面以二维图形，实现了能耗项目可视化，使精细的节能工作有了明确的方向。除了空调设备，医院使用的地下热平衡热泵系统亦能实现智能控制，实时监测所有设备、传感器的运行状态和参数等，为传统的人工管理提供了更精准的参考数据。

在发现异常和故障报警的时候，该节能科技公司可以通过远程管控平台对系统进行诊断和调节，由工程部一起排除故障。自从引进这个控制系统，一年多来，还没有出现过异常情况。

将人从固定位置上解放，靠的是智能化管理方式的引入。据医院能效管理人员介绍，除了能效管理系统，在此次节能改造涉及的多项工作中，中央空调系统改造也是重要一环。中央空调系统是医院能耗的用能大户，占全部能耗的30%~40%。借助智能化管理，抓住空调耗能这个牛鼻子，就能在节能高效的道路上又迈进一大步。

在改造之前，医院中央空调及手术室空调设备分散，空调系统不能及时根据气温的变化和医院内人流量的变化做出调整。没有统一的控制平台，温湿度调节只能依赖传统的人工控制。如果不及时调节，就很容易出现“大马拉小车”的状态，导致空调系统效率低，能耗高。同时，因为不能及时调节温度，房间温度可能出现过低或过高的情况，影响患者的就医体验。

根据《综合医院建筑设计规范》(GB 51039-2014)的规定，一般手术室室内温度冬季不宜低于20℃，夏季不宜高于26℃；室内相对湿度冬季不宜低于30%，夏季不宜高于65%。对于住院部普通病区，普通空调温度设置冬季宜在20℃以上，夏季不宜高于27℃。

不同季节不同分区的温、湿度都有相应的标准，仅仅依靠传统的"脚跑路"，会消耗不少人力，节能效果就更有限。变化既是造成问题的根源，也是解决问题的钥匙。只要让变化变得统一可控，就能够有效节能。

如何实现空调系统的统一可控？医院的做法是引入智能化空调节能系统。在这个智能系统里，各个空调子系统中的传感器就像是驻守在各个关键点的工作人员。不同于传统人工控制，主控计算机是基于可编程控制技术(Programmable Logic Controller)和中央空调系统节能运行技术，通过获取来自子系统传感器信息的方式实现调控的。

科学调节各个子系统的运行状态，能够使多个系统保持高能效、高舒适的运行状态。系统能够依据外界环境与室内负荷变化，实现运行参数优化设定和系统流量动态调节。就像在裁缝店做衣服，裁缝通常会先根据大多数人的标准尺码来裁剪制作，再根据不同人的不同情况进行灵活调整。参数优化设定就是前一步，动态调节是后一步。

另外，手术室空调系统和中央空调系统互通互补，使空调系统冷热源设备在任何负荷条件下都能保持高效率运行。冬天室外天气凉，医院人流量大的时候，空调系统会自动提高温度；医院人流量小，空调系统则会自动降低运行负荷。

经过改造，医院中央空调机房夏季制冷和冬季制热都实现了全自动运行，实现了以精细管控替代原有的人工粗放管控，有效降低了中央空调整体能耗。

“病房的空调控制开关在节能改造之后换成了可视化操作界面，操作更加人性化，非常适合我们使用，”医院工程部的工作人员说，“智能控制系统不需要人员值守，我们能有更多时间去检查其他设备。”

技改：节能更高效

政府引导，市场运作，分类实施。双流区中医医院也采用了合同能源管理模式，在此次改造工程中并未花一分钱。整个节能改造预计每年节约 60 万元能源费用，平均每年可以节约标煤量 210 吨，减少二氧化碳排放量 567 吨。

换言之，虽然这次合同金额高达 357 万元，但医院无需花一分钱，节能改造的花费会从未来整个项目在 8 年合同期间节省下来的费用中抵扣。

“现在医院的楼道亮多了。”来医院看望病人的刘婆婆说道。院区在建设之初因考虑到绿色节能的需要，在门诊大厅内部采用四合院的玻璃幕墙结构，利用白天室外自然光

为医院的照明分担一部分用能。但是自然光的照度毕竟有限，改造之前，在室外照明足够的时候，为了节省不必要的耗能，医院部分走廊每三组灯管常常只打开一组，因此曾有病人向医院询问是否是灯管损坏需要维修。在此次节能改造工程中，照明设备改造也被纳入其中。

替换节能，就是在同等照度下，使用小功率的 LED 照明灯具替换原有的灯具，以达到节能效果。基于替换节能原理，医院将原有的照明灯具全部更换成绿色节能的 LED 节能照明灯具，包括病房、走廊等共计 10712 套。比起传统灯具，LED 节能灯具的节能效果更显著。

照明系统改造还有另一项成果——地下车库的雷达照明灯具。当有车有人在地下停车场活动时，雷达感应灯具呈全亮状态，功率为 18 瓦，光通量达 1800 流明以上，其表面亮度与原有 36 瓦 T8 荧光灯（总功率约 40 瓦）的亮度相当，照度充足但能耗反而减少。无车无人时，灯光处于微亮监控照明状态，功率保持在 3 瓦，地下停车场保持安全和监控所需的最低亮度，真正实现“按需照明”。

另外，雷达感应灯被触发为全亮度后将持续一段时间，避免人车频繁进出时照度改变给人眼带来不适感。地下车库的照明改造非常人性化，既保证了车库的照明质量，又节约了电能。

据工作人员介绍，智能照明控制改造

后的 LED 灯具的照明综合节能率在 45%，地下停车场的综合节能率在 75% 以上。单就绿色照明系统的节能效果来看，年度节能量达到约 650000 千瓦·时。

另外，根据《综合医院建筑设计规范》（GB 51039-2014）的规定，生活热水系统的加热器出水温度不应低于 60℃，系统回水温度不应低于 50℃。改造前，医院的热水分早晚时间段供应，但是，系统中的水泵却是 24 小时不间断运行，水一进一出间都在耗能。即使在夜间没有使用需求的情况下，水泵依旧在运行，造成了设备空转。

热水系统的技术改造主要利用了锅炉排烟的余热回收利用技术。以前，高温的烟在排出过程中散出大量热量，造成热能的浪费。现在采用余热回收利用技术，利用锅炉排烟的高温对补水部分进行预加热，提高了水的基温，加热水的锅炉也能节省燃气消耗。

节能公司根据医院用水特性调整了热水温度，在早晚用水高峰，热水供水温度为 55℃，回水约为 45℃，其余时间段热水供水温度为 45℃。利用烟气余热回收技术，能够节约 7% 的燃料。在不影响使用舒适度的前提下，燃料节能率在 50% 以上。

值得一提的还有医院采用的地源热泵技术。所谓“地源热泵”，就是利用土壤所储藏的太阳能资源作为冷热源进行能量转换的供暖制冷空调系统。据资料显示，1997 年美国能源部（United States Department of Energy）和中国科学技术部签署了《能效与可再生能源合作议定书》，其主要内容之一就是“地源热泵”项目的合作。地源热泵技术的应用受到不同地区、不同用户及国家能源政策、燃料价格的影响，再加上其设计及运行中对全年冷热平衡有较高要求等诸多因素，地源热泵技术在成都范围内使用不广。

地源热泵中央空调系统由室内空调系统和室外换热系统组成。项目空调系统采用地源热泵中央空调系统设计，以浅层地下水为主要能源，辅以电能，满足冬季供暖、夏季供冷的需要。在地源热泵系统里，水体就像一个集热盒子，可以保持能量输入和发散相对平衡。此外，地源热泵系统可应用于供暖、空调，一套系统就可以替换原来的锅炉加空调的两套系统；其循环性能系数达到了 4 以上，也就是说仅消耗 1 千瓦·时的能量，用户就可得到 4 千瓦·时以上的热量或冷量。“科学技术是第一生产力”再次生动地体现在此次节能改造中。

细节：节能多方面

除了管理和技术改造带来的变化，医院的节能改造还有很多成果，例如随着绿色出行理念的推广，出入医院的新能源汽车越来越多。新能源汽车的应用更多是出于对自然环境的保护与人体健康需求方面的考虑。新能源汽车具有噪音小，不会排放含铅化合物、固体颗粒物等对人体有害的物质等优势，能够最大限度地保护人类健康。医院于 2018 年安装了新能源汽车充电桩 12 个，大大方便了新能源汽车的车主。

此外，通过水平衡测试可以有效地探明医院自来水管网的泄露量，通过查漏补缺，医院用水浪费的现象能够得到最大程度的改善。

将经过深度处理、达到灌溉水质要求的生活污水回收利用，用于对绿化区域的日常浇灌，能减少医院的自来水消耗量，

达到水资源循环回收的目的。

“节能改造遇到的最大困难就是改造过程中不可避免的停电、停水，这难免会对医院的运营造成一定的影响。”

为此，医院和节能公司通过反复协商，决定提前通知、合理安排，并通过错峰施工、夜间施工等办法，把病人休息、患者看诊治疗的时间与施工时间错开，实现运营与施工两不误，将改造工作对医院的影响降到最低。

医院的节能改造包括医院中央空调系统及手术室空调系统节能改造、生活热水系统节能改造、绿色照明系统节能改造、污水回收利用系统节能改造、能源管理平台搭建等。通过改造，医院的照明质量、空调系统、生活热水系统的舒适度都有了明显提升。经过近一年的运行，医院累计直接获得节能效益约 15 万元，同时还省去了全院照明系统的维护费用。医院在完成创建示范单位任务的同时，既减轻了自身财政压力，又避免了技术风险，实现了双赢。

与市民相得益彰的绿色尝试

北宋名臣赵抃入蜀为官，途经成都北部，见江水清清，便以江明志："吾志如此江清白，虽万类混淆其中，不少浊也。"青白江因此得名。千年来，青白江一直处于四川北路交通要冲，传承和孕育了灿烂的"县治文化""三国文化""民俗文化"和"英雄文化"。碧波荡漾的青白江滋润着这一方土壤，也养育了热情好客的青白江人。在静默的青白江江畔，一座以新发展理念为指引的城市建筑拔地而起，俨然成为青白江的新坐标，那就是青白江区文体中心。每日，数以千计的市民在这里休闲娱乐、强健体魄。据文体中心副主任、文体中心节能减排负责人李江介绍，在设计之初，文体中心就强调"公园"的概念，旨在将更多的空间交予市民，使文体中心主动融入"公园城市"的整体布局中。如今，在对"公园城市"可持续发展的探索中，青白江文体中心将管理重心转向绿色低碳，坚持用技术创新节涓涓细流，通过不断升级改造让建筑运行能耗降到最低，走出了一条节能增效、绿色发展之路。

小灯具，大价值

李江说："将公园城市作为生态价值向人文价值、经济价值、生活价值转化的重要载体，让市民享受美丽宜居公园城市的生态福利，这正是我们努力的方向。"体现人文价值，理所当然地成了LED改造项目中被提及次数最多的一句话。"把小事做好，才能稳固大局。别小看LED改造，细微之处能见很多文章。舒适明亮、柔和惬意，每一个细节我们都考虑到了市民的切身感受。简而言之，就是以人为中心。"李江耐心地解释道。

那么，如何将人文价值融入LED改造呢？具体来讲，就是在照明改造中更多地考虑使用的人性化。与传统光源相比，LED光源光谱单一，主要集中在可见光区域，不会受到紫外线和红外线辐射的干扰，可以有效避免闪烁，更有利于保护视力；用于密闭空间时能有效减缓透光软膜高温老化的问题，最大限度地保持灯光的一致性，避免因使用后期灯光不一致而导致的使用体验差等问题。同时注重把LED光源自然融入现场环境，让LED光源、灯具、驱动电路和控制系统合理匹配，并根据膜的透光系数将其用于不同的照明场合，让人感觉更舒适，实现装饰与照明的完美结合。周末前来体育馆打羽毛球的高中生王东感慨道："文体中心的灯光改造值得点赞，阅览室灯光柔和，让人能够迅速安静下来读书。而羽毛球场馆灯光明亮，让人激情四射，立马就能进入运动状态。"

"把LED光源组装成与传统光源外形尺寸相同的新光源，可以直接进行替换，非常适合旧工程改造。"李江介绍道。文体中心地下车库有车位灯、车道灯、出入口坡道灯等共计1100盏，原设计均采用单管荧光灯，需手动控制，是一个"耗能大户"。此次节能改造保留了原有的布灯、布线方式和供电方式，只需替换光源即可实现智能化管理。这一改造一举改变了人们对地下停车场"耗能大户"的认识。在车位、车道上安装的专用车库灯，具有常亮与休眠两种状态，每个灯均独立设置有红外探测器，可根据实际情况进行自我管理，在休眠状态下功耗仅1瓦，亮度可满足电视监控要求。为了提升驾驶人员的舒适度，车库出入口专门安装了具有群控功能的坡道灯，通过超声波探测器进行整体控制，完美实现了车库内外光线的渐变过渡。"这个功能很人性化，开车的人都知道，突然变化的光线会让人短暂失明。"来这里看比赛的市民李国强谈起这个，连连竖起大拇指。

在走廊等室内公共活动区，照明需求有与众不同的特点。比如室内公共活动区常位于建筑的中间，很难利用自然光；人员不定期出现在走廊上，但逗留时间较短；安防需要加装监控设备，需要长时间照明。

传统照明为了满足以上需求，通常采用能耗较高的长明灯。“我们努力探索走廊等公共区域照明节电的最佳方式，充分利用 LED 启动速度快、易控制的特点，通过智能控制，第一时间响应，确保走廊在有人通行时保持 100% 的亮度，在无人时保持 10% 的亮度，以满足监控系统对环境的最低亮度要求，最大限度实现节能目标。”李江介绍道。

荧光灯总功率过大，无法散热，不仅影响灯具及软膜寿命，还会带来消防隐患。文体中心在改造中选择使用低压供电双色 LED 灯具，通过软件控制，用透光软膜加荧光灯的方式模拟自然采光天窗的效果，成功模拟了真实天空早晨、中午、黄昏的色温变化和效果，在解决公共照明问题的同时，也融入了更多的人文气息。

不仅如此，文体中心在两侧入口处还增设了 5 盏太阳能 LED 路灯。“LED 照明与太阳能光伏的最佳结合方式不在于储存了多少来自太阳的电力，而在于其低压输出与 LED 的低压供电是否能够很好的结合。”李江介绍道。如此改造照明系统，不用开挖渠道、铺设管线，不占用市政用电，不仅绿色环保，还能让文体中心整体上看起来更加美观。

用高效 LED 照明灯具替换原照明系统的照明（500 盏 E27 系列荧光灯），用感应式 LED 灯管更换地下停车场照明约 1100 盏……所有细节背后都是文体中心在节能减排改造中对人文的价值实现以及公园城市建设的考量。“我们这些改造效果还是很明显的，很多市民都在为我们点赞！”李江笑着说道。

硅藻过滤，减少用水

在文体中心，游泳馆是市民朋友们最喜欢的一个场馆，对游泳馆进行节能改造，也是中心节能改造的重头戏。游泳池池水处理系统一般由循环、过滤、消毒等设备及相应管道组成，其中过滤设备是游泳池水质处理系统中最关键的部分，更是游泳池水质处理系统中可以体现节能减排效果的理想环节。“可以说，过滤设备是关键中的关键。”李江表示。

据介绍，游泳池耗水量一般包括池水水面蒸发水量、过滤设备冲洗水量、游泳池排污水量及游泳者身体带走水量等。其中过滤设备冲洗水量占绝大部分，约为总补充水量的 80%。

“在对国内游泳场馆进行了大规模调研后，中心最终选择以硅藻土过滤工艺替代石英砂过滤工艺。硅藻土过滤技术能够有效除菌，所需化学药剂较少，能部分控制有机物和氨氮，对于人体更加健康，还能使池水实现良性循环，更适用于游泳池循环水处理。同时，硅藻土过滤器体积小，安装费用低，占地小，质量小，冲洗排污量小，只需要小型设备配套即可，有效降低了更换成本。“现在水质明显改善了很多。孩子的皮肤是最敏感的，现在即使是长时间游也没有任何不适。”带着女儿来游泳的李薇女士说。

按每天游泳池补充水量为游泳池总容积的5%保守计算，采用硅藻土过滤器代替石英砂过滤器，可减少过滤设备85%反冲洗水量，照此计算，减少的泳池补水量为68%。

“在实际操作中，我们发现，硅藻土过滤器过滤精度高，大大降低了化学药剂的投加量，所以我们按实际情况减少了补充水量。按世界卫生组织推荐的每人30立方米补充水量的标准，以每天500人计，最高每天需要的补水量仅为0.03立方米。这大大提高了我们场馆的节能减排水平。”李江解释道。

智慧管控，可感可知

建筑的主要能耗产生自空调和照明，而这恰恰又是最能体现舒适度的两项。“如果只追求舒适度而不考虑节能问题，每年每平米的能耗费用至少要在百元以上。但这么做又违背了建设‘公园城市’的初衷。同时，场馆的人员流动性很大，动态性强，流量分布又具较强时段性，周末比平时人多，下午比上午人多。”如何既满足使用需求，又科学合理地动态节能降耗，这是文体中心一直在思考的问题。

打造以人为本的“智慧建筑”——这是文体中心给出的答案。“所谓智慧建筑，

有一个生动形象的比喻，就是让建筑成为一个能做决策的人。”怎样让建筑做决策？简而言之，就是要建立一个为人服务的综合管控平台，为建筑装上“大脑”，利用计算机技术、现场能耗计量设备、总线制通讯网络，组成一个综合能源管理网络，将耗能设备进行分类、独立计量，并对计量数据进行自动采集，为能源合理调配提供决策根据，实现能源统计、分析、预警、上报等功能需求，真正做到能源自动化、数据计量化、降耗科学化。“现在，不论我们在哪个场馆，不论什么时候来，都能感受到最佳的温度。”常来这锻炼的王小丽说。

抽象地说，智慧建筑是在充分整合、挖掘、利用信息技术与信息资源的基础上，对建筑的各方面进行精确化管理，而综合管控平台则是智慧建筑建设成果和价值的集中体现，让建筑变得可知可感。它与建筑的每一个部分进行直接对话，协助完成

决策。最终，建筑运行核心系统的各项关键数据被一一呈现，为整个建筑的节能减排提供决策支持，有力提升了中心综合管理水平。

“过去，我们积攒了大量的运行数据，这些数据会反映出整栋建筑运行过程中的特点、规律以及变化，但这些数据从来没有真正为我们所用。”李江表示。不能将这些数据转化为便于决策的依据，就无法为建筑的智慧化以及精细化管理提供新的建设性意见。而综合管控平台这个“大脑”，恰好能完美解决这个问题。它将海量数据资源进行收集、梳理、整合，形成了支持决策的数据源。

综合管控平台的建设很快有了成果。中心根据数据分析发现，要达到最快、最明显的节能效果，不单要安装节能灯具、电梯降耗设备等，更为重要的是让员工养成良好的节能习惯，比如随手关水，不开无人灯，防止跑冒漏，设定空调制冷（热）上下限温度，合理使用中央空调等。在夏季，由于大量使用空调，电力负荷急剧增加。如果加强对中央空调的管理，取消“按面积分摊”收费的“大锅饭”做法，以科学的手段引导用户养成良好使用习惯，就能快速达到节能效果。就中央空调一项而言，可实现节能 15% ~ 20%，有时甚至能够达到 25% ~ 30%。而整套系统的建立，极大提升了中心的用能管理水平，能产生 3% ~ 5% 的总节能量。按办公区 2018 年总计消耗电力 3518800 千瓦·时计算，每年可节约电量 104400 千瓦·时，折合标准煤 34.8 吨。

从古朴厚重的汉代青铜马到川流不息的青白江国际铁路港，从庄严肃穆的绣川书院到风景宜人的青白江凤凰湖，从历史悠久的八阵图遗址到灯火辉煌的自贸区，青白江拥有许多精彩绝伦的故事。如今，乘着“公园城市”的新风尚，踏着“绿水青山就是金山银山”的绿色浪潮，青白江的全新篇章正徐徐展开。

热水进校园，点滴暖人心

在蒲江县教育局的宣传栏上，大大小小的先进案例报道挤满了整面墙，但如果要问这其中最突出、最重要的是哪一个，教育局局长杨忠云一定会自豪地说：“我们蒲江县17所寄宿制学校，全部完成了沐浴系统的改造，实现了空气能热水器全覆盖！”从陈旧、能耗高的老式锅炉集中供热到方便节能的空气能热水器送热水到宿舍，这其中不仅凝聚了教育局对学生的关怀，更彰显了蒲江县教育局响应政策、节能降耗的坚定信心。

幼苗怎堪寒冬，翘首急盼暖流

在完成改造之前，蒲江县各中小学学生宿舍的热水供应设备主要以燃煤或燃气锅炉为主，存在一定的安全隐患，且热效率低，煤、气消耗大，严重污染环境。据不完全统计，全县寄宿制学校一年的煤炭使用量超过500吨，产生了大量的二氧化硫、二氧化碳、烟尘等有害物质，破坏大气环境，同时还造成了煤渣残留。不仅供热方式很不环保，很多学校的沐浴设备也十分落后。蒲江县教育局发展规划科副科长龙波回忆：“之前的条件真的很差，很多学校都没有可以洗澡的地方。学校只有一个锅炉房，学生们下课之后只能拎着热水瓶去接热水晚上用。”

2006年，蒲江县完成了农村中小学标准化建设工程，新建或改、扩建的九年制学校和初中都新建了学生宿舍。这一举措虽然解决了留守儿童和距离学校较远学生的在校住宿问题，但是，住校学生的洗浴问题并没有得到彻底解决。随着新宿舍的建成、住校生人数的猛增，这一问题甚至变得越发突出。

对于这一情况，蒲江县教育局前任局长雷雨看在眼里，急在心里，奈何蒲江县财政收入较为困难，如果仅凭自筹资金，根本无法完成如此多学校的改造计划。但雷局长没有放弃，他说：“再穷不能穷教育，再苦不能苦孩子！资金不足的确是困难，但越是困难，我们越要迎难而上！学生们的沐浴问题一定要解决，必须要解决！”

何惧一波三折，自当一鼓作气

终于，功夫不负有心人。2014 年成都市开展农村公办寄宿制中小学宿舍供热沐浴系统改造工程，这一消息对蒲江县教育局而言犹如久旱逢甘霖。雷局长兴奋极了，他迅速召开专题会议，起草了相关材料，积极争取。雷局长强调："既然让我们遇上了这么一次机会，我们就要一鼓作气，让全县所有中小学的宿舍洗浴水平上一个台阶！"在听取了蒲江县教育局的报告后，成都市教育局对此高度重视，并多次派专家赴实地考察，详尽了解具体情况。最终，蒲江县教育局成功申请了 350 万元资金。在积极争取上级资金的同时，蒲江县教育局也尽全力自行筹集资金，"以上级资金为主，自筹为辅"，先后筹集了资金 577 万元用于浴室改造和空气能热水器设备购置。这样，多年以来阻碍改造的最大困难——资金筹集终于得到解决。

资金筹措完毕后，蒲江县教育局便马上着手对一批农村义务教育阶段学校进行空气能热水器改造。在采购设备时，他们又遇到了新的问题：资金该如何使用，设

备该如何挑选，有什么流程或规定需要遵守？各种问题层出不穷，但蒲江县教育局的工作人员们却没有丝毫惧怕和退缩，他们拿出“红军不怕远征难，万水千山只等闲”的豪情与斗志，迎难而上。

多次开会讨论后，他们决定采用空气能热水器。空气能热水器，也称空气源热泵热水器，顾名思义，就是把空气中的热量通过冷媒搬运到水中。空气中的低温热量被空气能热水器吸收，经过压缩机增压升温，再通过换热器给水加热。空气能热水器克服了太阳能热水器依靠阳光采热和安装不便的缺点，并能有效地节约能源，相同能耗下提供的热能是普通电热水器的 4~6 倍，其年平均热效比是电加热的 4 倍，利用能效高。

改造所筹资金分为两部分使用：对于价格相对较低的卫浴设备，由各学校以实际宿舍规模为依据，自行确定品牌及数量，在美的、格力等大品牌中选出性价比最高的一款即可；而购置较为昂贵且重要的空气能热水器及相关设备，则须通过交易中心进行政府采购，以公开招标的形式来筛选供应商。这样既减少了教育局工作人员的工作量，又便于各学校充分结合自身实际需求，发挥自主性。

解决了资金问题以后，现任蒲江县教育局局长杨忠云继承了县教育局领导班子高标准严要求的工作作风，又把目光投向了工作体制改革。在第一批项目推行一段时间后，杨局长敏锐地发现，由于空气能热水器改造项目涉及多个部门，很多文件都需要经过层层审批才能最终落实，有时一份批复甚至需要两个月才能走完冗长的审批流程，这不仅大大降低了项目的推进效率，也导致很多政策的落实程度很难得到保证。发现这一问题后，杨局长一刻不

敢耽搁，立马着手思考解决方案。他注意到，在现有的体制下，空气能热水器改造项目之所以推进缓慢，是因为负责相关工作的同志散布在不同的科室，每个人只负责自己职责范围内的工作，杨局长想：“既然你们没有沟通的渠道，那么我就给你们架起交流的桥梁。”于是，他立即将存在的问题反映给县政府。县政府对此高度重视，决定由分管副县长牵头，组织县级有关部门开展专题研究，并将此项工作纳入县公共机构节能工作领导小组工作会的日常议程。领导小组在每个季度召开的工作会议上都会询问不同学校的项目进程，开展成果汇报、问题分析和任务部署，最大程度地推动项目顺利进行。县教育局也成立了工作小组，把内部科室相关负责人员集中到一起，协同推进空气能热水器改造项目的日常工作，并下设办公室，发挥“中转站”的作用，日常工作的协调、学生意见的收集整理、相关政策的落实等都是他们需要重点关注的内容。实践证明，在县公共机构节能工作领导小组的指导下，内部机制高效运转，空气能热水器改造项目得到了各方支持，改造进程得到了极大的推动。

蒲江县实验中学在进行节能改造时，由于对政府采购的申报流程不够熟悉，工作进程一度被卡在这一环，迟迟不得推进。领导小组在听取汇报后及时介入，积极与相关部门联系协调，使该中学的节能改造工作最终顺利进入政府采购程序。寿安中学在进行节能改造时，由于经验不足，没有考虑到未来几年内学校发展的需求，上报的设备型号与规格都出现了与实际需求不符的情况。领导小组发现这一问题后及时向上级汇报，并派出相关专家跟进方案的调整、实施工作，使这一工作得以圆满完成。2016 年，在蒲江中学整体迁建工程计划之初，领导小组便提前介入，将空

气能热水器建设纳入施工规划，预算了空气能热水器设备资金 55 万元，按照"同时设计、同时施工、同时使用"的方式进行，让学生一搬入新校区就能享受到空气能热水器带来的便捷。同时，领导小组邀请了相关专家对工程实施的可行性进行论证，参与项目施工图设计环节，并在施工过程中进行现场指导，落实空气能热水器机组安装位置、容量大小等具体细节，做到科学实施、效率兼顾。2019 年 2 月学校新校区搬迁后，同学们惊喜地发现，不仅校内设施焕然一新，沐浴条件也提升了好几个档次，宿舍内设有淋浴间，从此再也不用到澡堂排队洗澡了。

看到空气能热水器项目得以顺利实施，杨局长感叹道："如果没有这个沟通协同机制，大家可能就会比较散，事情的推进可能就没有那么顺利。我们还是达到了把事情做实做好的这个初衷。"

能源节约于行，节能深记于心

除了对整体进程的把握，经验丰富的杨局长还将从其他项目中总结出的经验教训应用到了空气能热水器改造项目上来，从而少走了许多弯路。他在筹备会议上多次提醒学校提前确定改造时间，尽量将施工安排在寒假、暑假等宿舍空闲的时候，最大限度地减少对学生学习生活的影响。不仅如此，雷局长更深知节能减排并不是单凭改造沐浴条件就能做到的，让节能环保的意识深埋学生心中才是此次节能改造的内核所在。因此，借空气能热水器改造的契机，雷局长号召各个学校积极开展节能环保教育工作，鼓励组织各式各样、丰富多彩的活动，从而让节能理念深入人心。各个学校也积极响应，各出妙招。寿安中学提出“家校互联”的方法，在学校微信公众号上推送节能环保知识；不仅组织学生集中阅读、学习相关知识，还鼓励学生把相关知识传播给身边的人，在日常生活中践行节能环保理念。蒲江中学实验学校将节能环保这个抽象的概念具化为生活垃圾分类、节水节电等多个方面，并提出了相对应的实施方案。寿安中学校长张应智说：“其实我觉得这次节能改造最大的成效是使我校师生的节能减排意识得到了增强，学生也在节能减排活动中学会了做人，学会了求知，学会了劳动，学会了节约。”就这样，在蒲江县教育局和各学校的共同努力下，节能环保工作全方位、多层次地推进开来，并取得了良好成效。

经过蒲江县教育局的统筹协调以及各学校的大力配合，目前全县17所寄宿制学校全部采用空气能热水器为学生提供洗浴热水，为学生提供了卫生、清洁、高效、节能的洗浴环境，得到了广泛称赞。学校不仅在空气能热水器方面开展了广泛升级，在节水器具、照明改造等方面也极大地推动了节能工作的开展和节能指标的落实。2018年全年共节约煤炭超过500吨，燃气5000立方米，与2017年相比，全县教育系统人均综合能耗同比下降2.5%以上，单位建筑面积能耗同比下降2.1%以上，节约大量经费开支，降低了运行成本，每年节省管理和运行资金近80万元。同时，学校通过配备空气能热水器等节能设备，不仅成功创建了节约型公共机构示范单位，起到了良好的示范作用，还引领全县各机关企事业单位积极开展节能减排，营造了崇尚节俭、厉行节约的社会风尚。

示范创建篇

Becoming Role Models

近年来，成都市以机关、学校、医院、公共场馆为重点，成功创建了一批节能减排示范单位。成都市政府办公区、武侯区政府办公区等 4 家单位成功创建全国“能效领跑者”，62 家单位分别成功创建国家级、省级、市级节约型公共机构示范单位，实现了“县县有示范、系统有典型”。

新技术
让“能效领跑者”迸发新动力

一栋好的办公楼，可以让工作更舒心。近年来，随着城市化进程飞速发展，中国的办公方式发生了巨大的变化，一些建成较早的老旧办公建筑的空间布局、外观结构、材料使用与现代办公的需求出现了一定的差距。这些不再适用的老建筑占据着城市寸土寸金的中心地带，已经严重影响城市面貌和资源的合理利用。老办公区该何去何从？成都市市级机关第一办公区的节能减排工作从一开始就面临着很多挑战。

坐落于成都市高新区锦悦西路 2 号的三栋框架式大楼于 2002 年建成并投入使用，这里本是高新技术产业孵化园区，2010 年才被成都市政府租用。老式构造和陈旧设施是第一办公区节能工作所要解决的第一大难题。十几年来，这三栋大楼在外观上一如既往，但内部设施却在悄悄地更新换代。老式建筑的结构和设计无法满足办公需求——耗能太高，一旦改造就需要全面进行，这也是最令人头疼的问题。

技术先行，强化监管

全面改造是个大工程，光有决心是远远不够的，还得有先进的“武器”——能耗数据监测。

监测系统的电脑客户端可以浏览各设备的参数列表，屏幕上清晰明了地显示着第一办公区各个子系统的用能参数。监测人员可以快速了解设备的运行状况，通过能耗数据监测实时查看用能系统各个子设备系统的参数和趋势图，在追踪数据的过程中对异常的数据进行报警显示。另外，通过监测系统还可以快速查看任意时间段的具体用能参数，查询对应的历史图表，从而进行用能的数据分析。

监测平台作为节能减排的“指挥官”，“坐镇”中控室，能首先区分用能种类，再分别实行能源消费分户、分类、分项计量，从而在能源消耗过程中发现并纠正用能浪费现象，真正做到“边用边监测、边监测边优化”。2019 年，第一办公区积极争创全国“能效领跑者”，在老建筑原有各项表计的基础上增加了 238 个电监测点，7 个水监测点。整个能耗监测系统平台搭建后，每年可节约电量 45000 千瓦·时，节约费用 4.3 万元。能耗数据监测技术让能源消费计量制度得到了有效落实。

改造升级，精准分析

老式的中央空调系统是全办公区能耗最大的设备，其能耗占了办公区电量总耗的五分之二，降低空调系统能耗成为办公区节能减排的第一个小目标。办公区总建筑面积达 70000 多平方米，相当于 10 个足球场那么大。大楼外围是大面积玻璃幕墙，随时随地都在“吸”走空调的能耗，大量的能耗都产生在这里。为了降低电力消耗，办公区将原来的玻璃幕墙全部更换为双层中空的新式隔热玻璃幕墙，给人楼

穿上了“防风铠甲”，还在玻璃窗内侧张贴了隔热膜进行双重保护。一位在办公区工作多年的保洁阿姨操着一口成都腔对记者说：“我们这辈人都是节约惯了的，以前隔着一两米外都能感觉到大楼内的冷气，夏天好多鸟儿都跑到楼脚歇凉，那么多冷气往外跑，真的太费电了。”

以前大楼内部的中央空调要调到20℃才能让楼内摆脱暑日的炎热，调到30℃才能抵御冬日的寒冷。玻璃幕墙改造后，夏天冷气和冬日暖气能够更加“专注”地为办公楼内部服务。阻断无效热传递后，耗能也就更少了。为了实现能源消费计量，第一办公区开始全方位建设能耗监管平台。特地安装的传感器可以采集空调系统的运行数据，实行能源消费分户、分类、分项计量。它像一个小型的全球定位系统（GPS），对每一台机器的能源消耗状况进行实时监测，及时发现、纠正用能浪费现象。“所有的玻璃都加装了隔热膜，打开中央空调后，整个室内的温度变化会非常明显。所以我们现在的规定是，冬天空调设定温度不超过20℃，夏天空调设定温度不超过26℃，一旦温度超过规定数值，监测平台会立即收到‘正在浪费’的信号，第一时间发出调节的提醒指令。”

玻璃幕墙隔热升级和监测平台完善后，余热也被利用起来。在热源系统中加装余热回收装置，将燃气锅炉烟气余热收集后用于锅炉给水的预加热，可使锅炉给水温度提高3℃~5℃，提高锅炉效率5%左右。锅炉师傅说：“以前的锅炉房温度特别高，人站在旁边工作经常热得满头大汗。这下有了新材料隔热，我们也凉快多了。”

“改头换面”，高效照明

无处不在的耗电设备除了中央空调外，还有一万多只传统灯具。第一办公区根据各楼层的实际情况，进行了室内照明管理和LED绿色照明改造，灯源改造的原则是“最大限度保障照明，同时节约用电”。一方面，通过测算最优自然采光照度，对公共区域玻璃幕墙部分的照明灯源进行亮度调节；另一方面，将其他传统灯具全部更换为高效照明的LED灯。

第一办公区将公共区域及办公室内

约17000只传统13瓦节能灯更换为5瓦LED灯，将36瓦T8荧光灯管更换为15瓦LED灯管，在确保照明亮度的前提下，实现了用电节能。办公区灯具总功率相比从前降低了135千瓦，每年节约电量约300000千瓦·时。物业公司徐经理介绍道：“因为灯具大多分布在办公楼内部，为了保障工作秩序，我们只能在节假日加班加点分段施工，17000多只传统灯具的改造是我们目前耗时比较久的工程。”

走在办公楼外的林荫道路上，可以看见61盏简洁崭新的太阳能路灯。新灯具采用的是高效照明LED光源，通过太阳能电池板收集能量，再转化为电能以供使用，降低功率的同时也减少了维修量，是在确保办公区照明亮度的前提下进行的用电节能。改造后，路灯的功率直接从250瓦降低到60瓦，同等条件下节约电能60%以上，节能效果明显。另外，第一办公区还在电脑客户端上配备了路灯智能控制系统。徐经理介绍：“路灯智能控制系统根据办公区的经纬度计算每天的日出、日落时间，并据此调整路灯开关灯时间，夏天黑得晚，就可以晚点开路灯。如果有紧急情况，也能在控制室内通过手动操作控制路灯系统。”

弃流过滤，节约水源

蓉城雨水充沛，年降雨量在1000毫米左右，雨水回收成了节能减排的“目标大户”。徐经理介绍说：“成都市政府的其他办公区内几乎都配备有200立方米左右的地下储水空间。但我们这个老式建筑的地下储水空间只有60立方米。所以，2002年建造的人工湖一直被我们保留到现在。人工湖和地下储水池只相距十几米，我们在地下打通通道后，两者就形成了可循环的综水治理系统。”

来自屋面及地面的雨水经过该系统处理后达到设计使用标准，当雨水不足时，抽取湖水进行补充。系统的设计雨水处理量为60立方米，由弃流过滤系统、蓄水系统、净化系统组成。宝贵的60立方米地下空间“麻雀虽小，五脏俱全”，弃流过滤、蓄水和净化三大系统形成第一办公区雨水收集的神秘“地宫”。雨水首先被收集到人工湖，漫过湖面后通过弃流过滤系统被回收到蓄水系统里。

雨水在被回收利用的过程中要经过过滤系统的层层过滤。技术人员指着密密麻麻的镂空装置说：“第一是考虑到地下工程会增加土地的承重压力，我们专门采用PP材料搭建了这个过滤塔，这比起一般办公区用水泥搭建起来的过滤层要轻很多。第二是考虑到地下储水空间本来就宝贵，滤水量相同的条件下，用PP材料搭建的过滤层体积更小。”那么，弃流在过滤塔“旅游”一圈后到达蓄水系统，就可以再次得到利用吗？技术人员笑着指了指地面上的电箱说：“这儿还有一个流程。”

原来，这是第一办公区特地购置的紫外线杀菌箱。徐经理表示，整个综水治理系统是第一办公区的环保“新武器”。“经过过滤层的弃流其实已经达到了回收使用标准，可以用于办公区内绿化植被浇灌和简单的道路冲洗。但是现在雨水里有各种各样的有害物质，过滤后的雨水无论是用来浇灌还是冲刷地面，其实也都会经过光合作用进入空气，再次循环到人体内。所以，我们在回收利用的最后一步增加了紫外线杀菌的流程，这样净化过的雨水才能用得安心、放心。”

第一办公区的综水治理系统将处理后的雨水用于办公区内绿化植被浇灌及简单道路冲洗，每年可节约自来水约1200吨，在我国西北干旱地区，平均每人每天饮用水量不足500毫升，可用水资源远远比我们想象中匮乏。办公区管理人员表示，1200吨节水成果对第一办公区来说是可喜的,现在整个国家都在响应“节能减排”，这是个持久战，他们要跟随主流步伐，做好节能减排的每个细节，哪里有浪费，他们就要想办法不断改进,争取守住他们“能效领跑者”的称号!

中央空调系统和传统灯具的改造是“节流”，综水治理系统的雨水回收利用是“开源”，成都市市级机关第一办公区走出了一条绿色、科学的节能减排之路。除此之外，第一办公区积极开展生活垃圾分类工作，在办公区设置了分类回收箱24个，由节能技术公司免费提供硬件设施和服务；楼道照明全部采用人体红外感应开关进行控制，有效降低了楼道照明的电能消耗；机关食堂全部使用可回收式餐具，杜绝使用一次性餐具，同时倡导按需用餐、文明用餐，组织“光盘”行动，杜绝浪费；办公区还设置了公共自行车点位，配置了公务自行车、新能源汽车，为办公人员的绿色出行提供了便利……

通过一系列节能措施的实施，节能工作取得显著成绩，徐经理说：“环保这件事是一场持久战，虽然目前已经获得了不错的节能效益，但未来发展还有很大的进步空间，我们需要不断完善。”生态文明建设是大事，处处可节能，处处可减排，环保效益体现在点点滴滴的实践之中。“绿水青山”的未来，需要全社会加快突破和推行低碳领域的关键技术，全面培养和调动践行节约的内在积极性；同时，也要用新办法来解决旧问题，通过科学设计、循环利用等手段齐头并进，才能逐步构建起节能减排的长效机制。

科技节能壮金牛

在金牛区机关事务管理局的办公室里，蒋婷聚精会神地对着电脑屏幕，仔细核对各个公共机构报送的能耗统计表。看着西华街道办飘红的数据，她皱起了眉头，立刻拨通了该单位节能统计员的电话："喂，您好，这里是金牛区机关事务管理局，贵单位报送的能耗统计表有一个数据需要核实一下……"每次季度末节能总结工作，办公室里每个人都很忙碌。

近5年来，金牛区委、区政府认真贯彻落实《公共机构节能条例》和上级部署要求，投入大量资金，积极开展公共机构节能工作，区委区政府沙湾路集中办公区成功创建了全国第二批国家级公共机构节能示范单位，连续15年获"成都市节水型先进单位"称号，受到四川省和成都市的表彰。节能没有休止符，作为金牛区节能牵头机构，金牛区机关事务管理局丝毫不敢松懈，向更高的降耗目标冲刺——区委区政府沙湾路集中办公区于2020年成功创建全国"能效领跑者"。

巧施“连环计”，寻求新突破

说起金牛区的节能成效，还得从工程师欧明的“连环计”谈起。

一向满脸笑容的金牛区机关事务管理局工程师欧明，有一天突然愁容满面。同事们关切地询问他有什么烦心事，他的回答却出人意料：“区机关存在着一颗‘定时炸弹’，我能高兴得起来吗？”

随即，他把一张登载有某地发生锅炉大爆炸新闻的报纸递到了同事们面前。

同事们心里一惊，与欧工一样，他们马上联想到23年前建成的区机关办公大楼，有2台老式燃气锅炉和3台变压器，这些陈旧老化的设备存在重大安全隐患。

“区机关这两个锅炉都使用了20多年了，损耗应该很严重。”“是啊，而且25米外就是居民区，如果真的发生爆炸，后果不堪设想！”“这两台锅炉的各个参数都是照以前的标准设计的，能耗大不说，还存在一定的危险性，现在养护成本也越来越高了……”提起锅炉危机，同事们个个忧心忡忡，纷纷议论起来。

看着大家愁眉苦脸，欧工不慌不忙地提出了自己的想法：“大家先不要着急，我是这样想的，咱们不是正在创建节约型示范单位吗？何不趁这个机会，向领导反映锅炉老旧问题，申请更换新式的低氮冷凝真空热水锅炉呢？这样既解决了安全隐患，又完成了节能目标，一举两得。”

“对啊，欧工这个提议好！”“没错，我们尽快出一份评估报告，详细阐述一下老旧锅炉存在的问题，再做一份更换真空锅炉的可行性方案上报给领导。”欧工的提议获得了大家的一致认可，同事们纷纷迅速行动起来。一周后，申请更换真空锅炉的报告和一应材料顺利递呈到相关领导的桌上。

“机关现在使用的蒸汽锅炉属于压力容器，为特种设备，必须年检，司炉工必须持证上岗；计划更换的真空锅炉是国家明文规定的唯一免检的锅炉设备，负压运行，不存在爆炸隐患。

“现在使用的蒸汽锅炉大气污染物排放部分超标，耗水量大，热效率低于行业标准；计划更换的真空锅炉占地面积更小，采用超冷凝回收技术，水耗大幅减少，使用寿命是蒸汽锅炉的2倍，能效数据高于国家最高标准，且能节约用工、年检等成本。”

经过一系列上报、审批，办公区“锅炉危机”得到了金牛区委区政府的高度关注。区政府在财政十分紧张的情况下，一次性拨专款数百万元用于更新机关办公区设施设备。依照欧工等人递交的方案，区机关两台老式蒸汽锅炉全部更新为国内领先的真空锅炉。同时，一次性购买更换的还有3台共3000千伏安的变压器。

随着新式锅炉的应用和相关设备的更新，节能效益日益凸显。欧工手握计算器，兴奋地介绍说：“真空热水锅炉与传统的压力燃气锅炉相比，既安全又高效，节能效果比国家最高标准还高。以燃料为例，与上一年度同期比较，燃料费用减少 20.6%，每年可节约燃气 32620 立方米。仅此一项，每年就能够节约经费几十万元，这可是安全和节能‘双赢’！”

欧工的“连环计”成功了。他如释重负地揭示开谜底：“当初就是想以破除安全隐患为契机，‘迂回作战’，达到更新设施设备、以科技促节能的目的。”而令欧工没想到的是，真空锅炉的效用比他预设的还要高得多，甚至成了金牛区科技节能大计的“催化剂”。

组建“智囊团”，按下快捷键

自从蒸汽锅炉被更换为真空锅炉，区机关的能耗明显下降，单位建筑面积、人均水耗、人均综合能耗三项量化目标全部超额完成。特别是与 2016 年相比，2017 年人均能耗降幅达 6.5%，远超 2.7% 的既定目标。科技节能带来的效果实实在在地反映在各项数据上，节能工作人员个个喜笑颜开。金牛区机关事务管理局当机立断，迅速优化了争创全国“能效领跑者”实施方案，依托科技力量，引领节能新风尚。

实施科技节能，当然离不开“含金量高”的专家人才。金牛区政府首先想到了近邻西南交通大学，聘请该校能源资源管理领域的专家学者对区机关的能耗情况进行评估。此外，四川省建筑科学研究院也派遣相关领域专家协助开展能源审计工作，武侯区兄弟单位也向金牛区推荐了节能专家和节能服务公司。随着“智囊团”的不断壮大，金牛区的科技节能工作蓄势待发。

根据金牛区委、区政府的要求，金牛区机关事务局首先组织专家团队对区机关集中办公区的能源管理状况、能源消耗指标进行全面审计，听取专业性、针对性的节能改造建议。黄渝兰是四川省建科院的一名工程师，在本次审计中对金牛区节能工作很是赞赏：“金牛区的节能工作总体来说做得不错，管理制度比较健全，节能目标明确且落到实处，能耗监管平台运行高效有序，用能设备台账清晰，可以看到各项能耗指标均在下降。”黄渝兰等专家综合分析了 2016—2017 年两年内机关办公区主要能源利用系统的运作，结合节约型公共机构示范单位创建工作要求，挖掘出空调、供配电、透水路面、外窗等项目的节能潜力，提出了详细的改造优化建议。

在众位专家的评估指导下，金牛区进一步完善了节能规划，按下节能“快捷键”。根据规划要求，金牛区对“用能大户”——区机关集中办公区的陈旧老化设施设备进行了全面改造：对空调冷冻水泵和热水泵进行变频改造，安装变频控制器，使空调系统能够根据室外温度、人流量等情况进行自动调节，年节能效益达 16.03 万元；为办公区更换 LED 节能灯 9200 多套，完善照明管理，每年节约用电约 220000 千瓦·时，年节能效益达 15.55 万元；完成办公区透水路面建设和雨水回收管理系统建设，年节能效益 1.15 万元，还能有效补充地下水……经过一系列技术改造，金牛区机关办公区的综合能耗指标下降了 6.5%，实现了节约能源和节约资金的双重目标。

作为节能创建的“领头羊”，金牛区机关迅速将技术改造的成功经验推广到各个事业单位，目前，全区机关事业单位办公区节能灯具与节水器具配备率均达到 100%。2018 年，金牛区妇幼保健院投入 22 万余元进行照明改造、水平衡测试，以及锅炉、配电房、中央空调维护等；成都市第三十六中学投入了 29 万余元进行能耗审计以及照明、空调、水管网等节能改造，两家单位均成功创建成都市公共机构节能示范单位。

中检集团四川公司工程师项兆文也是“智囊团”的一员，几年前他带领团队为武侯区政府建立了标准化的能源管理体系，如今则忙于为金牛区的能源管理工作献计献策。“标准化管理不同于传统的能源管理，它以能源绩效为导向，采用 PDCA 循环【计划（Plan）、Do（执行）、检查（Check）和处理（Act）】的方式，持续改进能源绩效，保证节能减排系统化推进，”项工介绍说，“节能管控不仅针对能源供应，还要求货物采购达到能效等级，工程运行、产品使用合理高效。为此我们专门开展了节能教育培训，为金牛区相关工作人

员讲解能源管理体系标准、能源管理内部审核方式等，提高他们的节能意识和能力，保证标准化体系良好运行。”

打造“金天眼”，直击发力点

金牛区的节能工作如火如荼，如何挖掘新的节能潜力，最大限度地节能，成为萦绕在每位干部职工心头的一道思考题。

节能工作人员秦辉为此绞尽脑汁，长时间不得其解，却在参观了贵州平塘的“中国天眼”科技基地后突然灵光一闪，捕捉到了答案。这不，他休假刚结束就赶来“献计”。

在金牛区机关事务局节能工作研讨会上，秦辉的情绪有些激动：“现在正是金牛区创建‘能效领跑者’的关键时期，要在现有基础上进一步寻找突破点，就必须有精细化的能耗监管体系，对全区的用水、用电、用气等情况进行排查，找到节能发力点。这也是‘中国天眼’强大的观测能力给我的启发，我们要打造金牛节能的‘金天眼’！”

大家很赞同秦辉的想法，但是落实还需要技术支持。“我认为可以借助平台建设公司，引入大数据统计体系，把全区的公共机构纳入监管平台，建立起各项能源消耗的数据台

账，由区机关统一监督管理，便于查漏补缺。”“那需要在各个公共机构设置节能统计员，专门负责将每月能耗消费量建立统计表，形成能耗分析报告。”“这个报告最好让主管领导过目、签字，以便掌握情况，督促执行。”大家你一言，我一语，新的节能监管平台“金天眼”的雏形慢慢清晰起来。

说干就干，金牛区机关事务管理局联系到平台建设公司——深圳某技术有限公司，花费数月时间在原有公共机构节能监管平台的基础上建立起一套大数据统计系统。全区各个公共机构统一使用该系统，建立起水、电、气等消耗的数据台账。这样一来，哪里有成绩，哪里有漏洞，一目了然，“金天眼”轻松找到了节能发力点。

在“金天眼”的支持下，金牛区机关对驻集中办公区以外的124家公共机构的能源资源消耗情况了如指掌，每季度总结分析全区节能情况，表扬收效良好的先进单位，对每半年同期消耗总量增幅明显的单位发出节能警示与整改通知，激励全区共创节能。为了配合“金天眼”系统运行，全区各部门和街道建立起节能统计员队伍，负责填报每月能耗数据，上报能耗凭证和能耗分析报告，对能耗情况进行月对比、年对比、历史同期对比，健全节能数据台账。

一天，负责能耗统计监测的工作人员蒋婷照例打开各个公共机构上报的能耗统计表，一边快速浏览各项数据，一边核对能耗发票。当她打开西华街道办上报的统计表时，一行飘红的耗水数据映入眼帘。“这不对啊，耗水量足足翻了一倍，难道是数据填错了？”蒋婷皱起眉头，小声嘀咕道。她果断拿起电话，打到了西华街道办的节能统计员手里。经过核查，耗水数据填报正常。那究竟是哪里出了问题？西华街道办找来技术工人对街道水表进行排查，终于发现了症结所在：原来是地铁施工挖断了地下水管，造成大量自来水白白流走。过了不久，蒋婷接到西华街道办打来的电话，对方解释了耗水原因，并表示水管已经修好。挂断电话，蒋婷一脸骄傲：“嘿，这就是‘金天眼’的功劳！”

有了科技力量的加持，真空锅炉、透水路面、变频空调、节能灯具、“金天眼”等技改项目均运行良好。2015年以来，金牛区机关集中办公区年节约能源折合标准煤155.55吨，年节能率为15.56%，到2020年可累计节约标准煤777.75吨，37家入驻单位的能耗水平和运行成本有效降低，起到了良好的示范带头作用。

着眼创建全国“能效领跑者”的目标，金牛区机关事务局的各项节能工作都在有条不紊地进行。新的一年，节能专家提出的“门窗换为双层玻璃以增强隔热效果”改造建议正在被积极采纳落实。全国“能效领跑者”的奖牌闪闪发光，窗外阳光正好。

从“单打独斗”到“多方合作”

自2017年开展国家级节约型公共机构示范单位创建工作以来，成都市妇女儿童中心医院致力于把绿色发展理念融入医院运行管理的全过程，从建立健全节能管理体系开始，逐渐与多方开展合作，形成水、电、气综合节能多赢局面。由于不断构建完善自身节能管理体系，不断开辟节能减排新思路，成都市妇女儿童中心医院在节能减排工作中取得了显著成效，成功创建了四川省节水型单位及成都市节水工作先进单位。

节能第一步，做好先行者

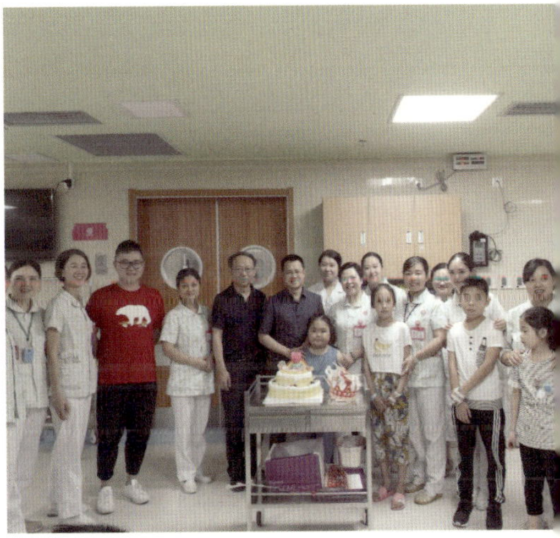

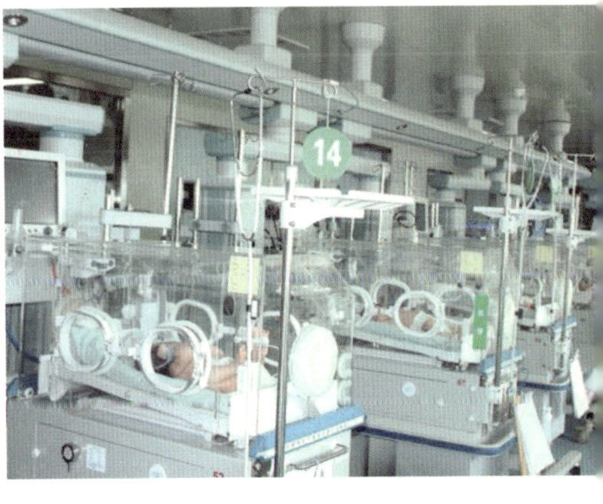

成都市妇女儿童中心医院是一所集妇产科、儿科、妇幼保健、计划生育、康复、急救、培训、科研为一体，专科设置西部最齐全，医疗技术水平西部一流的三级甲等妇女儿童医疗保健机构；是重庆医科大学非直管附属医院，2019年成为电子科技大学医学院附属医院。医院由四个院区（日月大道本部、实业街院区、太升南路院区、东城根街院区）组成，建筑面积221459平方米，编制床位1840张，在职员工3047人。医院规模大，占地面积广，人员数量多……这为节能减排工作的管理增加了难度。在建院初期，医院领导班子就为节能行动指明了方向：“建立一个健全的节能管理体系。”

成都市妇女儿童中心医院成立了以分管副院长扎西为组长的节能工作领导小组，副组长由后勤保障部郭衍军主任担任，成员包括后勤保障部能源管理员、各科室主任、护士长及水电管理人员，下属机构有物业水电组、维修组。郭衔军主任率先提出：“医院的节能管理要以技术为依托，实施目标责任制，推动实现行为节能。”

医院利用物联网技术建设了节能监测系统。系统由智能电表和水表对能耗数据进行实时采集、分类监测，再通过物联网技术传输至管理平台，由能耗监测终端软件对实时能耗使用情况进行在线监测，并进行能源消耗比例及节能量对比、综合能耗优化改造等工作。郭衔军主任介绍道：“这个节能监测系统还会实时发布各科室的用能数据，从而更好地督促全院职工增强节能意识。”

有了技术的支撑，目标责任制的建立和实施容易了许多。郭衔军主任讲述了自己对节能目标责任制的看法：“你看，当消耗和支出相匹配时，责任就被下放到个人，我们追责到个人；如果奖励和贡献相匹配，科室和个人节能的积极性不就可以被调动起来了吗？”于是，节能目标责任制在领导小组的共同努力下“新鲜出炉”了。医院确立了各科室用能责任制，电、气等能源消耗成本被分摊到各科室，由每个科室自行支付能源使用费用，遵守“多用多付、少用少付”原则。各科室负责人为用能责任人，行政办公室按节能监测系统中各科室的消耗指标制订了考核目标值，并建立起《能源财务管理制度》《关于机构资源消耗统计报告制度》《能源计量人员岗位责任制》等多种能源管理制度。

节能目标责任制的出现仿佛给大家戴上了一道隐形的“紧箍咒”，它制约着每个人的一言一行。一直重视节能环保的后勤保障部在2017、2018两年中都按成都市水务局要求完成了节水任务，水务局对医院进行了表彰，医院根据奖励制度给后勤保障部员工兑现了奖励。2017年9月5日，发生了这样一起违规事件：物业水电在巡查中发现医院停车场员工竟偷接绿化用水洗车，经过商议，大家一致认为此事情节恶劣，且违反了医院节能工作制度，对停车场进行了罚款500元的处罚。

节能持续时，打造新亮点

医院节能，做好自我节能管理还远远不够。所谓“闻道有先后，术业有专攻”，医院的医生擅长治疗病人的病痛，专业的节能团队和节能设备则擅长治疗耗能的“症结”。成都市妇女儿童中心医院以节水为切入点进行专业的水平衡测试，并结合医院实际情况启用了大量节水型设备。

2017年上半年，医院根据住建部关于印发《节水型单位目标导则》的通知和成都市节水办的要求进行了水平衡测试，并于2017年7月14日通过了水平衡测试验收。水平衡测试是公认的对用水单位进行科学管理的行之有效的方法，也是进一步做好节水工作的基础。成都市妇女儿童中心医院以水平衡测试为开端，走出了节水第一步。

医院还常年开展节能改造，每年投入大量资金更换节水阀等节能设备。2020年，成都市妇女儿童中心医院投入20多万元，将所有临床科室和职能部门的洗手池水龙头改为感应式或脚踩式水龙头，在保证医院感染管理要求的同时杜绝了“长流水”的现象。住院病房现全部安装了节水马桶，采用高能效增压冲水技术，创新超大管径冲水阀，保证冲水效果的同时更加注重节水降耗。供应室还引进了德国进口超声清洗机等设备。超声清洗机主要是通过换能器，将功率超声频源的声能转换成机械振动，通过将超声波辐射到水槽清洗液中清洗槽壁。由于受到超声波的辐射，槽内液体中的微气泡能够在声波的作用下保持振动，破坏污物与清洗件表面的吸附，引起污物层的疲劳破坏而被驳离。因此，超声清洗机以清洗洁净度高、清洗速度快、节水等特点著称。

设备管理员符敬补充道：“为了摸清医院用水现状，我们还在每栋用水建筑内增设了水表，强化用水监测，供水管线、设施漏失率降至3%以内，有效提高了能源资源使用效率。”

医院对节水工作高度重视，通过聘请专业团队进行测试以及积极使用节水型设备等措施，在节水工作上取得了明显的成效。

节能火热中，多方求合作

在节能之路上越走越远，成都市妇女儿童中心医院对节能工作提出了更高的要求。他们开始与更多的专业节能公司合作，及时更换医院主要用能设备，不仅在节水上成绩斐然，在节电、节气等方面也卓有成效。

2019年上半年，成都市妇女儿童中心医院投入51万元，与成都市某节能服务公司签订节能改造合同，对医院进行节能改造。经过不懈努力，医院将全部15000盏普通灯具更换为节能灯具。同时，为了响应《关于印发成都市2020—2022年电能替代推进方案的通知》要求，医院目前正在进行锅炉改造招标，预计花费十余万元资金进行锅炉改造，促进电力负荷移峰填谷，提高医院用能效率。

除了与专业节能公司合作的大型节能改造项目，医院在综合节能管理上也下足了功夫。能源管理员周梦漪介绍，2020年4月，医院还与成都某电子科技有限公司签订合约，由后勤保障部牵头，双方共同完成医院的能源审计工作，主要包括医院建筑基本信息、医院的能源管理状况评价、医院的用能概况及能源流向分析、医院的能源消耗指标计算分析、医院主要用能系统和用能设备分析、医院节能潜力分析、能源管理与节能技改建议、重点节能技改项目的技术经济分析与评价，总结一段时间内的用能设备情况、用能管理情况，以提出后续节能技术改造、管理优化等有关建议。以医院2017—2019年能源资源实际消耗量为例，2017—2019年医院能耗总量有所增加，但结合医院的实际情况可分析发现，能源消耗总量不降反升是因为2018年8月新儿科大楼投入使用，又新开耳鼻喉、内分泌、风湿免疫等科室，业务量增加了，用能人数也增加了。医院各项能源指标都有一定程度的上升，但医院通过用能管理水平的提升和持续不断的节能技术改造，使单位建筑面积能耗、人均综合能耗、人均水耗指标总体呈下降态势，顺利完成了当年的节能目标。

节能公司与医院合力保证了综合节能工作的顺利开展，同时，医院的主要用能设备也在这场节能之战中起到了不可小觑的作用。

医院中央空调采用地源热泵空调，是以岩土体、地层土壤、地下水或地表水为低温热源，由水地源热泵机组、地热能交换系统、建筑物内系统组成的供热中央空调系统。设备管理员符敬介绍道，这种地源热泵空调属于一级能效空调，机组运行时消耗水，不污染水，也不需要锅炉、冷却塔，更不需要堆放燃料废物场地，环保效益显著。地源热泵机组的电力消耗与空气源热泵相比减少了40%以上，与电供暖相比减少了70%以上，它的制热系统比燃气锅炉的效率平均提高了近50%，比燃气锅炉的效率高出75%。地源热泵机组利用土壤或水体温度冬季为12℃～22℃，温度比环境空气温度高，热泵循环的蒸发温度提高，能效比也提高；土壤或水体温度夏季为18℃～32℃，温度比环境空气温度低，制冷系统冷凝温度降低，使得冷却效果好于风冷式和冷却塔式，机组效率大大提高，可以节约30%~40%的供热制冷空调运行费用，1千瓦的电能可以得到4千瓦以上的制热量或5千瓦以上制冷量。而医院分体空调也主要为国内名牌产品，大多为一级、二级能效产品，并且严格遵照使用年限，报废后立即进行更换。

成都市妇女儿童中心医院从“单打独斗”，独自建立起自己的一套节能管理体系开始，逐渐积极开展“多方合作”，让专业的团队和公司解决专业的问题，及时更换节能设备，建立长效机制，做到科学节能与绿色节能，实现了水、电、气等多方位节能的多赢局面，为成都打造两山理念样板区、加快建设展现立体山水画卷的公园城市贡献了力量。

积节能降耗跬步，至绿色锦江千里

“别让水流滴答滴答”“下班别忘了关掉我”“人离灯熄”……各种节能标识在锦江区委区政府集中办公区内随处可见。随手关灯，拧紧水龙头，多走路、少乘电梯……这些看来微不足道的行为，已经内化为干部职工的节能习惯。积跬步而至千里，近年来，锦江区机关事务管理局坚持以“践行绿色发展，助力公共机构节能增效”的理念为指导，以降低能源资源消耗、提高能源资源利用效率为目标，开展绿色机关建设，在节能工作上一步一步走到全市前列。

重管理！精准节能更高效

锦江区机关事务管理局的节能成效，要从翻越“一座大山”谈起。

锦江区委区政府办公区位于成都市锦江区南三环路二段一号，共有办公楼 6 栋，建筑面积近 3 万平方米，日常固定用能人数约 2600 人。办公区用能时间长，用水消耗大，办公设备的日常损耗及潜在缺漏，构成了节能工作需翻越的一座“大山”。

难题接踵而至。能耗数据居高不下的“大山”其实是不同模块用能积累的结果。那么，如何进行高效的数据统计，准确反映不同领域的能耗差别，然后精准出击，找到节能发力点，这也成了棘手问题。

最初，办公区依靠人工进行电力、用水量数据的观测和检查，再通过采集到的数据有针对性地降低用能。但办公区面积大、楼层角落多，不仅加大了人工成本，采集到的数据也很难精准，往往存在错抄、漏抄的现象，这使得精准节能工作开展艰难。因此，锦江区机关事务管理局的同志们萌生出建设一种系统的、可复制的管理模式的想法。

考虑到人工成本、精准度和系统化是要克服的主要困难，锦江区机关事务管理局的同志将目光投向了大数据平台建设，以电脑代替人工。“电脑统计比人的精准度高得多！它还能监测到我们看不到的角落，那么为什么不利用它将各个用能设备连接来进行能耗统计呢？这也是现在的大趋势嘛。”节能科蒋科长说道。

有了明确目标，节能科的同志们有了更足的干劲。他们从建设可行性、招标采购、

人力资金等方面进行了长时间的深入讨论，一步步推进目标实现。打听到多家政府单位和企业已建设了节能监管平台后，他们立即前往学习，探讨操作问题，不断改进完善。经过长时间的调研、资料梳理、招标洽谈等，锦江区机关与某节能科技公司合作搭建的智能化监管平台终于问世。

据了解，该能源管理平台包括运维管理中心、能源管理中心、建筑基本信息、建筑运维管理与能源管理等部分，聚焦能源消费计量制度、用能种类区分等问题，对能源消耗状况进行实时监测，以便及时发现、纠正用能浪费现象，对用能大户进行精准降耗。

节能工作有大数据平台的管理，更有专业人员的助力。在锦江区节水工作的日常运行中，有一群检查员，发挥着极为关键的作用。

锦江区委区政府集中办公区的 6 栋办公楼各有相应的责任人，他们要对用水的全过程进行审查，不仅要熟知制度，更要了解设备操作和各项参数，这对他们的技术水平提出了很高的要求。在职的检查员需要持技术证上岗，单位还会每年组织专家对责任人进行培训。“由于许多设备操作起来专业性强，起初许多设备我们都不会用，一开始挺难，”节能科的工作人员说，“培训后，责任人还要跟着讲解员实际操作一遍，不断摸索学习。单单一个检查维修的工作，背后涉及的知识也很多。”

而除了每天的检查外，锦江区机关事务管理局每年都会进行专项检查，避免遗漏。2018 年年初，锦江区机关事务管理局对办公区公用洗手间用水洁具进行了一次全面检查，发现了不少暗漏情况，于是对厕所的冲水延时阀进行了维修和改进，并换掉了传统水龙头。这一事件给他们的节水管理工作带来了很大启发。

“当时出现了许多漏水情况，说明我们的日常维护有所缺漏，‘当局者迷’嘛。为减少类似情况出现，我们适时邀请有资质的第三方机构对办公区进行水平衡测试，以查找办公区明漏暗漏情况，与我们的日常巡查互为补充，”节能科工作人员说，“内外补充的审查制度提升了节水工作质量，之后专家来进行水平衡测试，还对我们的日常巡查提出了夸奖。”

翻越能耗管理“大山”后，剩下的问

题就是将不同模块的节能工作落地。

抓细节！精准节电稳突破

“绝大多数人都想不到，载重 750 千克的电梯在办公楼中运行 10 小时，所产生的电能便抵得上普通家庭一个月三分之二的用电量，”节能科蒋科长说，“这一发现得益于锦江区机关事务管理局节能监管平台的建设。”

得益于该平台，锦江区机关事务管理局不断发现问题，先后对电力系统进行了包括空调冷媒改造、电梯能量回馈、照明灯具改造、集中开水供应在内的“5+N”节能改造项目，取得了电力降耗的成效。“实施的冷媒改造有效降低了空调机能耗，达到了 2~3 级能效标准，每年可节约电能 3.33 万度，节约能源费用支出 2.93 万元……”节能科的同志流畅地说出了一连串数值，对于办公区节能成效，他如数家珍。

中央空调系统是全办公区能耗最大的用能系统，占办公区电量总耗的四成，降低空调能耗便成为节能科同志们主攻的第一个目标。

中央空调系统中的冷凝器和蒸发器经长期使用，其中的润滑油粘附在铜管表面，形成油膜和油垢，导致冷媒与铜管之间的传热效率下降，导致耗电量逐年增加。因

此，更换冷媒系统，减少油膜污垢堆积，是解决传热效率下降最直接有效的办法。经过一系列讨论、审批、上报，锦江区机关事务管理局对区委区政府办公区 3~4 级能效空调机进行了冷媒替换，改造后监测到的电能数据让节能科的同志们紧绷的神经暂时放松下来。

节电要抓“中央空调系统”这个牛鼻子，但也不能忽略其他细微之处，照明用电和电网谐波的小细节也被纳入改造范围。

对于照明改造，锦江区委区政府办公区改进办公室内部布局，将办公桌移至窗边，使办公人员在白天能尽量采用自然光照明；灯具则全部采用了高效照明 LED 光源，在确保照明亮度的前提下，实现了节能目的。改造后可节约大量电耗，并减少 40% 维护成本，对区委区政府办公区 3~4 级能效空调机进行的冷媒替换改造，则有效地使空调机能效达到 2~3 级能效标准，每年可节约电能 3.33 万度。

“一盏灯、一台空调机虽微不足道，但数量累加，以每天十小时的时间长年累月地运转下来，可都是浪费，怎能不管呢？”负责电力维护的工作人员感叹道。

就像高速公路上随意变道的车辆会给其他人带来危险一样，与基波频率不同的谐波的不断变化，则会给电容器和电力系统带来危害。谐波频率较高会导致电力系统铜损急剧增长，同时变压器铁心会由于不能适应急剧变化的磁通而导致铁损急剧增加，因此进行电网谐波治理十分必要。

“滤除电网中的谐波，能提高系统电压稳定率，从而减少负载发热，延长设备使用寿命，节约电能，保证生产稳定，”电网管理人员解释道，“我们的数据显示，为办公照明系统配备一台 YBW-S10/400 千伏安变压器可以实现有源电网谐波治理，实现了 1% 的节能量。”

“在建设这个平台前，我们没想到很多习惯背后的耗电量。最初，平台提示电梯发热耗电数据高，我们便针对性地采取了电梯能量回馈改造，”蒋科长说，“现在到邻近楼层，我们都尽量走楼梯，既省电也当作锻炼了嘛，这也算是为节能出点力。”

巧“开源”！雨水回收显效能

“滋滋滋……”在锦江区办公大院内的草坪上，绿植正在接受新一天的灌溉。细密的水雾从喷头中涌出，喷洒在嫩绿的草上。工作人员介绍，水喷洒出的水不是地下水，而是来自天上的雨水。这藏在绿地下的水源的秘密，便是锦江区机关大院的雨水回收系统。而这回收系统的秘密，又藏在了机关大院的停车场内。

走进区委区政府大院露天停车场，当先映入眼帘的是一抹抹绿色：在停车位铺设的透水砖之间，绿草寻隙而生。

这样的小设计体现了锦江区机关事务

管理局的节水智慧。蒋科长介绍道：“停车场采用透水砖是因为其渗透力强，相比水泥地面更能吸收地表水。而在缝隙中种植绿草，除了美观外，也是想利用植物本身特性吸收地表的雨滴和流水，增加地表水收集量。这些水经吸收，最终会渗透到车位下方的储水池中储存起来，作为灌溉水源。这便是我们的雨水回收系统中的收集部分。”

收集雨水作为灌溉用水的妙招，来源于四川盆地得天独厚的雨水优势。

四川盆地雨水丰沛，成都年降水量在 1000 毫米左右，这些雨水降落至地面后大部分又蒸发了，未被储存使用。于是，锦江区机关事务管理局在雨水上动了巧思，用半年多的时间打造了办公区的雨水收集利用系统。2019 年，收集利用系统被正式投入使用。

该系统由雨水收集贮存、雨水净化处理和雨水利用三部分组成，雨水收集面积为 5000 余平方米，贮存池为 60 立方米。系统将雨水进行弃流、截污、调蓄沉淀、净化处理、回收利用，用于大院内绿植灌溉和道路冲洗。

来这里办事的张姨对草地上正在运行的雨水回收系统很是好奇，在听完相关人员的介绍后更是竖起大拇指：“现在的节能技术都这么先进了，天上的雨水都能回收利用。看来处处留心皆学问。”

对于雨水回收系统发挥的作用，节能科的同志有切身体会：“以前，我们还要安排专门的人员去浇灌院里的绿植和冲洗道路，现在只用设定系统时间，便能自动开启，节约了人力物力。而这些经过处理的雨水最后可用于 700 平方米绿化区的浇灌和 1300 平方米道路的清洗，实现每年节约自来水 1.5 万吨，节约下来的水都够 100 个人喝一年了！”

路漫漫其修远兮，锦江区机关事务管理局的节能之路并未止步。在提及未来办公区节能改造的方向时，蒋科长坦言：“现阶段的节能工作虽然已有了明显成效，但是在节水、建筑节能和能源审计方面仍有不足。下一步，我们会继续完善节能体系，以点滴进步助力节能降耗。节能没有捷径和终点，是一个不断尝试和坚持的过程。”

工业文明的节能减排之路

1951 年，为配合成渝铁路的修建，原铁道部在成都市成华区二仙桥建设了新中国第一座铁路工厂——铁道部成都机车车辆厂，由此开启了中国重工业一段波澜壮阔的历史。在工业文明的滋养下，一代又一代的工人敬业奉献，为成华区的现代化建设添彩增光。

工业文明的烙印，不可避免地伴随着高投入、高能耗。如何贯彻落实好新发展理念，让工业企业轻装上阵，走出一条节能减排的新型工业化道路，成为成华区人民政府亟需破解的发展难题。为了攻克这个难题，首先要开启一条新路子——节能办公新模式。成华区人民政府从工业文明中汲取改革发展的新养料，致力于走出一条极具工业特色的改革之路，2020 年成功创建全国“能效领跑者”。

破局：把好管理“总开关”

面对复杂的节能减排形势，如何“破局”？“我们区最大的特征就是工业比重，要‘破局’，还是要从工业着手，”成华区机关事务局局长周娱表示，“这好比管理一个工厂，要提高它的效益，首先要从提高管理水平上下手。管理好区机关办公大楼也是一样,关键就在于把好‘组织领导’这个总开关。”2012 年，成华区成立了公共机构节能工作领导小组，由区委常委、常务副区长任区组长，车辆和节能管理科负责管理全区公务用车和公共机构节能工作。高度的重视打通了工作的“断头路”，

在小组的领导下，成员单位多次召开联席会议，解决工作中遇到的问题，并明确了全区能源资源管理岗位的工作人员安排。“这就好像一个工厂的流水线，要保证每个人像螺丝钉一样牢牢守住自己的工作岗位，才能使节能减排工作平稳有序推进。”周娱形象地比喻道。

提升管理水平，重点是完善节能管理制度。“好的制度就像生产流水的操作规范、流程标准，才能保证最后的产品标准。”周娱指着贴在办公室墙上的系列规范这样说。按照这一思路，成华区机关事务管理局制定了《成华区公共机构节电管理制度》《成华区公共机构节水管理制度》《成华区公共机构节气管理制度》，明确了节能规章；与此同时，还对全办公区人员进行了节能培训，并将公共机构节能工作纳入全区专项目标考核，对工作推进效果良好的单位给予表彰，对做得欠佳的单位给予警示。“效果应该是立竿见影的——这些制度建立后，全办公区的用电量直接就降低了约20万度。”周娱说。

突破：应用节能“黑科技”

“光靠管理改革，没有技术上的突破，很难冲破节能减排的瓶颈。就好像一个骑自行车的不管怎么使劲，都跑不过坐高铁的。节能减排也一样，也要有好的工具、好的技术来推行改革。”周娱说。

成华区人民政府办公区节能减排技术的突破，也伴随着浓浓的工业文明气息。正如每个工厂都要建立中控平台随时随地了解工厂的运行情况一样，办公大楼在技术改造之初就建立了一个实时监控能耗的中控平台。中控平台的建设，让整栋大楼的能耗数据能实时反馈到节能减排领导小组的手里。“形象地说，我们大楼现在有了一个大脑，它帮助我们随时掌握用能动态数据，实现用能定量化管理，从而实现能源节约。”周娱说。

有了中控平台这个“大脑”，下一步就是进行躯体改造，空调系统就是这个躯体的重要组成部分。在经过充分的调研以后，成华区机关事务管理局认为，成华区人民政府地处南方，无需供暖设施，制冷系统符合相关节能规范及室内温控，因地制宜对分体空调安装节能环保型碳氢制冷剂无疑是最好的选择。不同于集中在温度调节、系统优化层面的空调改造，制冷剂的改变是从根本上对空调进行改造。“大多的空调改造说白了就是向空调的‘管理’要节能，但这些都没有触及空调的根本改造。采用节能环保型碳氢制冷剂，就是从根源上对空调进行改造。”周娱介绍道。据了解，碳氢制冷剂主要有节能和环保两大优点。在节能方面，用碳氢制冷剂的空调要比用氟利昂的空调节省能耗15%~35%左右。而在环保方面，碳氢制冷剂属于天然工质，对大气无污染，对臭氧层无破坏，导致温室效应的几率几乎为零。

照明系统也是办公大楼的主要能耗组成部分。经过详尽调研，区机关事务管理局决定采买享有国家节能补贴的T5高效照明产品，用于更换原有的T8荧光灯管。所谓T8和T5，表示的是不同的直径，T8直径为26毫米，T5直径为16毫米。由于T5管径比T8、T12管径细得多，灯管内惰性气体原子与电子产生的弹性碰撞几率更高，能量损失更小，这对光效的提高也是非常有利的。T5高效照明产品所充的惰性气体为独特的惰性混合气体，不仅能更好地保护灯管的阴极，有助于灯管的起跳，而且可以适当降低灯管充气压力，进一步提高灯管的光通量输出。因此，灯管的功率虽然低一些，但总光通量并未降低，灯管的光效反而得到了提高。也就是说，T5比T8更亮、更节能。

而对于地下停车场这么一个特殊的照明场景，成华区机关事务管理局几经分析后，决定采用节能“黑科技”——智能化无源无线物联网遥控系统对照明系统进行控制。说起这个技术，周娱赞赏有加:“现在我们都进入了物联网时代，需要大量的无线传感器来传递信号，传感器分布在各个角落，通常需要保证至少能不更换电池使用一年以上。而且，出于传感器成本和尺寸的考虑，传感器内置电池的电量不可能太大。另一方面，为了传递收集到的信息，传感器通常需要使用无线连接来与中心节点通信。然而，传统射频集成电路的功耗都不低，会过快消耗电池电量。但是现在真的需要传感器端发射射频信号吗？在日常生活中，的确存在不需要自己消耗能量就能传递信号的方法。例如，用在航海和野外探险中的日光信号镜，就是通过不同角度的反射太阳光来传递信息的。在这里，信号的载体是太阳光，但是太阳光能量并非传递信号的人发射的，而是作为第三方的太阳提供的。所以，我们完全可以实现由第三方提供能量的信号传输。”

现在，人们将此概念扩展到了无线物联网上，提出了无源 WiFi，通过 WiFi 路由器来发射射频信号，而感应器只需要负责调制天线阻抗就能通过 WiFi 与路由器通信。形象地说，它就是一个反射信号的镜子。由于省去了发射射频信号这一环节，无源 WiFi 可以实现高达 11Mb/s 的通信速率，而其功耗仅仅只有 50 微瓦。这样就可以保证感应器“长时间不用管”，还能实现控制系统对灯具的即时控制，保证人走灯灭。

不管是 T5 灯具、智能化无源无线物联网遥控控制系统，还是电网谐波治理、电梯智能回馈装置应用、节水器具改造、雨水回收利用系统、新能源汽车使用等，它们都只是成华区节能技术改造的一个小小的缩影。“节能减排只有进行时，没有完成时，我们会不断探索新的节能方法。”周娱表示。

取全胜：晒晒节能“成绩单”

一分耕耘一分收获。2018 年，成华区人民政府办公区消耗电量 354.08 万度，折合标准煤 435.16 吨；消耗水量 33360 吨；消耗天然气 7.87 万立方米，折合标准煤 104.67 吨；公务用车消耗汽油 9.61 万升，折合标准煤 103.22 吨；能源消耗总量折合标准煤共计 643.06 吨，相较推进节能减排工作之前下降了 16.08 吨，每年为政府缩减了开支约 12.6 万元。而相较于这些能用数据计量的成果，节能减排工作推进带来的理念上的改变更让人感到欣慰。“高楼层的办公室人员在白天很少会开着灯办公；从领导到普通工作人员，自己开车上下班的越来越少，大家开始地更多选择公共交通；以前食堂经常会有很多剩菜剩饭，现在，‘光盘行动’已经成为了大家自觉遵守的共识。”负责节能工作的分管领导陈锐感慨道。

红砖筒子楼、高烟囱、大厂房、绿皮火车……几十年里，成华区乃至成都市早已发生了翻天覆地的变化：成都中车共享城已经取代了成都机车厂，红砖筒子楼变成了年轻人的打卡圣地，大厂房变成了屋顶花园，绿皮火车摇身一变成为涂鸦书吧……“文旅成华”逐步成为这块曾经的工业热土新的发展方向。伴随着国家低碳发展的大势，成华区也在紧密锣鼓地绘制一幅以“文创之芯、创客乐园”为主题的发展新蓝图。而成华区刻在骨子里的工业文明烙印，也在新的时代不断焕发出新的生机与活力。

节水降耗篇

Water Saving and Consumption Reduction

建设生态文明，关系人民福祉，关乎长远大计，而节约资源是保护生态环境的根本之策。公共机构能耗体量大、节能潜力大、示范性强，是节能减排和生态文明建设的重要主体。近年来，成都市围绕公园城市建设，扎实推进节能降耗，让绿色低碳成为机关文化的鲜明特质与城市建设的生动实践。

公园城市的生命力

伴着飒飒凉风，漫步在葱葱郁郁的林荫小道，一缕缕碧草从“田”里的石缝间顽强地探出头来，织成一幅幅流青溢翠的“井”字地毯，身旁的河堤像梯田一样层层铺展到府水之滨……作为“公园城市”的首提城市，成都市一直致力于“消除城市与自然的边界与隔离，让公园从城市点缀变成城市本身”。而作为世界上第一座以水保护为主题的城市生态环境公园，活水公园正在为成都这个千年古城注入新的生命力。碧波荡漾的自然风光，持续净化的特色景观，与时俱进的 360 度全景虚拟现实（VR）技术……总有一个理由吸引人们来到活水公园。

自然之美，鱼嘴吐活水

坐落于成都市中心府南河畔、占地26000多平方米的活水公园，于1997年春天破土动工，是世界上第一座城市综合性环境教育公园。它通过构建一幅人与自然和谐相处的画卷，为我们细细描绘了“开窗见田，推门见绿”的自然之美。

吃过午饭，刘君丽和邻居一起漫步到离家不远的公园，一边聊天，一边锻炼身体，旁边有几个小朋友在笑闹嬉戏，对于今年70岁的刘君丽来说，活水公园已成为她日常休闲锻炼的好去处。“以前还不晓得住在公园附近有什么好，自从搬到活水公园旁边，才真正体会到什么叫‘开窗见田、推门见绿’。”

“开窗见田、推门见绿”来自市政府近年来的不懈努力。活水公园的规划设计和府南河的环境治理修复工程，是由成都市政府组织国内外有关专家、有关部门实施的一次国际间的通力协作：在河边做一个以水保护为主题的公园，向公众展示湿地的污水处理系统，并把它作为府南河综合整治建设项目的一部分。在原有地形的基础上，活水公园选取了我国传统美学思想——鱼水难分的象征意义，将鱼形剖面图融入公园的总体造型，喻示人类、水与自然的依存关系。游客入园从“鱼嘴”而入，走向“鱼尾”。位于“鳃部”的水车从府河取水，水流顺地势逶迤而下，经“鱼腹”系列湿地池塘净化，最终汇聚成一泓透亮的清泉，滋润着尾部茂密的丛林。游客也可以在公园散步，沿着河岸游赏美景。山坡上，有绿树，有红花，更有一片密密麻麻、比人还高的冷蕨苗。从山坡上往下看，自然曝氧的水流雕塑是千姿百态流水造型艺术的再现。各种形式的水流纵横交错，在水流雕塑中穿越、迂回。每个水流雕塑首尾相接，流动的活水演绎出大自然的美景，铸成了公园的魂魄，带来无限的生机和活力。与其说活水公园是以表现自然为主题，不如说活水公园已经与自然融为一体。

除了公园设计，活水公园在植物的配置、景观的处理、造园材料的选择上，都颇有讲究，妙趣天成。在建园初期，活水公园

从素有“古老植物王国”美誉的峨眉山引种，经过人工繁育与自然更新、演替，目前已发展成包括乔木层、灌木层、草本层、地被层和由附生植物与藤本植物的完整的亚热带常绿阔叶林生态系统。和其他公园相比，这里的景色有属于它自己的生命。

与此同时，水波粼粼、鱼翔浅底的活水公园还吸引了不少大咖为它点赞：前美国总统克林顿为活水公园题词；荷兰女王特使参观活水公园并给予高度评价；英国前德比郡郡长在活水公园种树，留下了美好祝愿；2007年，中国林业科学研究院首席科学家彭镇华教授率“国家森林城市”成都考察组一行，对活水公园环境建设与环境保护相结合的理念和“林水相依”的景观风貌给予了充分肯定。

持续净化，水质不再差

活水公园的魅力不止在“开窗见田、推门见绿”的自然之美，还在于融合在居民休闲娱乐的公园之间，有条不紊地运行着日吞吐量可达400吨的水净化系统。

活水公园中水的源头为府河和南河，这两条河又源于岷江——长江的支流之一。在历史上，府河和南河养育了成都人民，带来了成都平原的繁荣与昌盛。但随着时代与社会的进步，水污染越来越严重，府河和南河也不再清澈，而活水公园水净化工作的进行，就是通过多种净化过程，对原来被上游污染源和城市生活污水污染的河水进行处理。每天，活水公园处理污水量可达400吨，经过处理之后的水，除了会流入活水公园养鱼池以及用于公园绿化外，还将从公园的喷泉广场喷出，让参观者尽情欣赏，切身体验死水变“活”的过程。

十年来，活水公园的运行监测数据证明，公园进水水质在Ⅳ类、Ⅴ类、劣Ⅴ类中变化，但其出水水质良好，主要水质指标均能达到地表水Ⅲ类水标准的要求。简单来说，就是把人们敬而远之的“臭水”

变成种满水植、鱼翔浅底的景观用水。

而活水公园水净化的核心则是两大系统：其一是污水净化系统，由一系列溪流、池塘组成，贯穿全园。活水公园办公室主任李兵带我们沿着公园小路游览，并对污水净化系统进行了详细的讲解："活水公园的整体构建像一条静卧水底的大鱼，府河水经过'鱼眼睛'（厌氧池）一直流进'鱼腹部'（养鱼塘），演示了水由浊变清的生命过程，实现了水质的提升。水从'鱼头'的位置开始，先流入厌氧沉淀池。厌氧沉淀池像一个间隙较大的粗筛子，可以去除水中大部分悬浮物和部分可溶性有机物。然后，水继续流动到兼氧池，它就像一个间隙较小的细筛子，可以降解粗筛子过滤不了的污染物和重金属。最后，水来到了我们的人工湿地塘床生态系统，这是活水公园水处理工程的核心。它由6个植物塘、12个植物床组成，外观酷似一片片鱼鳞，呼应了公园的总体设计。其中种植的漂浮植物有浮萍、紫萍、凤眼莲等，挺水植物有芦苇、水烛、茭白、伞草等，浮叶植物有荷花、睡莲，沉水植物有金鱼藻、黑藻等几十种，吸引了很多植物以及环保爱好者前来观赏。不同的植物可以对水进行不同程度的净化，污水在这里经沉淀、吸附、氧化还原、微生物分解等，可以变为景观水，流至'鱼尾'，成为促进植物生长的养分和水源。"

总而言之，没有什么污水是人工湿地塘床生态系统不能净化的。如果说污水净化系统像一颗跳动在活水公园中心的心脏，那么，纵横于活水公园内部的综合景观则像是血管，经过处理的水正是通过这些管廊输送至各类终端，实现再利用。

活水公园另一水净化系统为海绵城市系统。海绵城市系统是指城市能够像海绵一样，在适应环境变化和应对自然灾害等方面具有良好的"弹性"，下雨时吸水、蓄水、渗水、净水，需要时又将蓄存的水"释放"并加以利用。

在公园里走着走着，你就会看到一朵大大的铁蘑菇，这就是海绵城市测试平台。这个装置能够模拟降雨，测试路面的"吸水"性。我们可以看到装置的一侧有一个路面情况的参考：从上至下为渗透砖、粗砂、土工布还有海绵垫等。小雨时，雨水自然下渗到海绵垫积存；中雨时通过海绵垫将难以积存的雨水导流到绿化带，进行渗透和排放。

在整个海绵城市系统中，还需提到的就是公园的"渗透广场"。广场从上到下为渗透砖、粗沙、土工布、碎石、自然地面结构，其在下还设置有雨水导流管道。这样一来，每次下雨，渗透广场都会将水吸收净化。水顺着道路斜坡缓缓流下，不到一分钟就消失在铺满砂砾的地面上，如同被海绵吸收了一样。对这部分水进行分级处理，将可以利用的水用于绿化灌溉，将不能利用的水及时排出。"海绵系统带来的改变还是很明显的，最起码现在下雨我们的工作人员可以不用湿鞋了。”李主任笑着说道。

理念生成，润人细无声

所谓“公园”之“公”，就是要面对大众。如何促进园林景观和公共空间与周边环境的和谐相融，如何让大众感受到公园的内涵和生命力，如何启迪人们对水的珍惜和对活水文化的理解……作为世界第一座城市综合性环境教育公园，活水公园的工作人员一直在努力思考这些问题。

“上一百堂美学的课，不如让孩子自己在大自然里行走一天。”就公园本身而言，公园里的本地植物有得天独厚的生长优势，营造了一个很好的环境，引来了城市里罕见的鸟和虫，公园的每个角落都成了孩子们觅宝探险的好去处。这里经常可见他们在溪塘边或跪或趴，饶有兴趣地观察水里的昆虫和鱼类的身影。这种在全世界范围内着力提倡激发儿童好奇心的案例，在中国其他的公园中并不多见，活水公园则成功地满足了孩子们寻找自然的需求。每到周末与节假日，水流雕塑便成了孩子们的乐园。孩子与水有种天然的亲近感，玩水自然就成了他们天性最爱的游戏之一，水流雕塑的新颖形式、水流的哗哗声以及孩子们的欢笑声，构成了一幅幅动人而美丽的画面。而对于游客，当他们踏进活水公园，迎面而来的便是万物葱茏的大自然。凉爽的林荫道、茂密的树、清澈的水、碧绿的草坪……市民可以尽情呼吸新鲜甜美的空气，享受大自然的惠泽。生态水净化的过程引导好奇的人们去探究科学和自然环境的奥秘，雕塑、溪泉和其他设计元素激起了人们审美的情趣。

除此之外，活水公园的市政水净化工程是很好的环境教育范本。在市中心营景结合水处理，在世界上也是少见的。在2010年上海世界博览会世博园城市最佳实践区内，来自成都的微缩版“活水公园”格外引人瞩目：踏在鹅卵石铺砌的小路上，看着缓缓流淌的河水和成群的小鱼，人们可坐下聆听轻快的水声，园内的雕塑、溪泉等设计元素也不断激发市民的审美情趣，这份惬意发自肺腑。活水公园之所以能够荣登世博会的大雅之堂，最重要的原因还是在于这个公园污水处理的神奇功效，既有分解水中污染物和净化水体的作用，又有很好的知识性和观赏性。成都活水公园的负责人十分自豪地说：“活水公园能够为世界各国的污水处理提供思路。”据了解，活水公园成为了城市实践区中唯一一个室外案例，微缩版“活水公园”在上海世博会结束后被永久保存。

从公园初建至今已有20多年，今天看活水公园，是不是会有落后、过时之嫌呢？近期，活水公园正在为游客筹备5G

网络下的 360 度全景 VR 视频。届时，游客足不出户便可将活水公园的美景尽收眼底，伴随着轻灵飘逸的音乐，开始一次关于自然的生态之旅。随手点击画面中的每一个景点，都能身临其境。人们不仅能驻足观赏人工湿地塘床的葱茏，亦能高空俯视每个景点的全貌，360 度全方位地欣赏每处景观。与此同时，园内还设有中英文解说，向中外游客详细讲述公园如何通过植物和水流过岩石的自然作用而使水净化。在空中从南向北俯视公园全景时，可以随手触摸青山、绿水及屋脊，在重重植被上空遨游时，可俯瞰水流雕塑的回旋荡漾，公众在感受绿水青草的同时，潜移默化地增强了生态环保意识。

“一年成聚，二年成邑，三年成都。”成都的每一次进步和发展，都离不开水的滋养，为了给这座 2300 年来未改城名、未迁城址的城市注入新的生命力，为了使碧水蓝天常伴市民身边，活水公园将不断前行、永久传承……

巧用“加减乘除”，节水心中有术

位于岷江中上游、川西平原西部的崇州，依山傍水。在这里，既有“纯天然”的原生树林，又有溪流纵横、栈道迂回的秘境；既能听到蝉鸣鸟语，又能望见岷山晴雪。“四山一水五分田”，论起自然资源，山清水秀的崇州好似有得天独厚的优势。而对于大自然慷慨的馈赠，崇州市没有一味索取，而是致力于巧用“加减乘除”法，用实际行动践行绿色发展理念，推动崇州节水节能工作建设，描绘出一幅举节水旗、走特色路的美丽画卷。

狠抓节水工作，做好责任“加法”

在崇州市政务服务中心集中办公区，节水工作的“加法”就是为每个干部职工“加”上该承担的责任。党的十八大以来，习近平总书记明确提出“节水优先、空间均衡、系统治理、两手发力”的治水思路，将“节水优先”摆在首要位置，为水利工作指明了方向。崇州市人民政府也本着“依章管水，科学用水，严格节水管理，促进节约用水”的原则，高度重视节水工作，以降低能耗、提高效率为目标，狠抓节水工作。

崇州市政府成立了以分管副市长为组长，市水务局、市机关事务管理中心主要领导为副组长，其他相关部门领导为成员的崇州市节水型示范单位创建工作领导小组，并要求各乡镇（街道）成立相应机构，落实专人狠抓节水工作。领导小组召集成员单位定期召开会议研究节水工作，研判节水形势，分析存在的问题，促进节水工作落到实处。市政府办还下发了《崇州市公共机构节水型单位建设和考核管理实施方案》，将节水工作纳入各单位年终目标考核体系，从机制和制度上保证了节水工作的顺利开展。

2019 年 3 月 22 日是第二十七届“世界水日”，市政府组织各单位分管领导召开了第三十二届“中国水周”宣传活动动员大会，参会人员无一不对节约用水宣传片《枯竭》印象深刻。“其实对于节水的宣传片大家可能都司空见惯了，但《枯竭》中拧开水龙头却没有一滴水的画面给我的印象依旧很深。我经常教育孩子节约用水，但轮到自己，总觉得在单位就是洗洗手冲冲厕所，能浪费多少？但实际上我的想法是错误的，节约用水的责任不是一时而是一世。一滴水，能给树木以生机，给沙漠以希望，给人类以生命。”在一位与会人员发表了自己的感想后，台下掌声雷动，节水责任也悄然“加”上每个人的肩头。

用水精细管理，做好浪费“减法”

节水的“减法”就是从根本上杜绝水资源浪费。或许我们不曾关注过，一个关不紧的水龙头一个月可以流掉1～6立方米水；一个漏水的马桶，一个月则会浪费3～25立方米水。如果一座城市有60万个水龙头、20万个马桶漏水，一年损失水量会达到上亿立方米。节水，究其根本为杜绝浪费，崇州市政务服务中心集中办公区定期开展了水平衡测试，在浪费上做“减法”。

简单来说，水平衡测试就是测试部门根据被测试单位内部的供水、排水和用水的具体情况确定一个合理的水量平衡范围，如果超出了这个范围，就证明用水有问题，被测试单位就需要进行排查。水平衡测试，可以分析用水合理性，及时发现用水量异常。

除了水平衡之外，崇州市政务服务中心集中办公区还完善了用水分级计量，建立了二级表计系统，对每个月的用水进行详细记录，通过一级水表和二级水表的计量数值对比，杜绝跑冒滴漏，以达到节水之目的。说起二级表计系统的建立，物业工程部负责人至今都感到十分庆幸：“毫不夸张地说，二级表计系统就像一个放大镜，只要是节水方面的问题，不管多小都能帮你找出来。在建立二级表计系统之前，我们的水费有一段时间一直较高，当时还以为是因为每天流动办事人员数量的增加而导致用水量上升，因此并没有重视，也没有采取什么措施，直到几个月之后才意外发现是自来水管爆裂漏水。上级领导特别重视，立即让我们整改，所以我们就建立了二级表计系统。从此之后，只要出现自来水管爆裂或水龙头常开等现象，数据就能立即显示出来，让我们可以快捷找出产生高额水费的缘由，不仅实现了崇州市政务服务中心集中办公区长效节水的任务，更重要的是有效降低了消费开支。”

“工欲善其事，必先利其器。”崇州市政务服务中心集中办公区强化用水精细化管理，在节水器具上也可谓是下了大功夫：“减”轻老旧器具造成的用水浪费，应用推广节水技术，改造水房、卫生间用水设施，逐步淘汰不符合节水标准的用水器具和设施，安装使用符合国家标准的节水型水龙头、节水型冲便器，并不断扩大节水

器具使用范围。采用新技术、新产品是提高节水水平的必然途径，只有大力推广节水新技术和新产品，改造水龙头等节水器具，才能更好地杜绝水资源浪费。

截至 2018 年底，崇州市纳入统计范围的公共机构数量共有 338 个，建筑面积 153.4 万平方米，公共机构用水总量约为 1570000 吨，用水人数 105112 人，党政机关节水器具普及率达到了 70 %,公共机构节水器具普及率达到了 55%,人均年用水量约为 14.9 吨，通过创建节水型单位，人均年用水量在 2017 年的基础上下降了 3.15 %。

雨水回收处理，做好利用“乘法”

节水就像乘法运算，在这一过程中如果有一项为零，结果就是零。在节水工作有条不紊地进行的同时，崇州市将目光放得更长远：“杜绝浪费只是被动节水，想要根本解决水资源问题还是要想方设法提高水资源利用率。资源有限，如果不对水提高利用率，等到有一天水资源为零时，不管我们再怎么节约，结果依然为零。”

崇州自古为繁荣富庶之地，有“蜀中之蜀”“蜀门重镇”之称。山、丘、河兼有的地理条件提供了众多的旅游风景资源：景随山势而赋形，随时节而多彩，随山高而变种的鸡冠山天然公园；百鸟啾啾、如和凤鸣的凤栖山；景色秀美的龙潭和暗香浮动的梅花

寨；以及万木峥嵘的原始森林……

随着城市水资源短缺程度加深，为了让美丽宜居的崇州继续展示它的生态之美，崇州市开始着力于利用雨水资源：尽管四川为中国突出的多雨区，年降水量可达 1000 ~ 1300 毫米，然而实际有效利用的雨水却很少，这些雨水多通过地表渗透或雨水管道回归自然，而道路清扫、绿化浇灌和公共景观湖却一直在使用优质水，造成了不必要的浪费。而且大量雨水落入地面、流入河道，也给城市的防汛工作带来了巨大的挑战。

雨水是自然界一种优质的淡水资源，经简单处理即可实现冲厕、路面喷洒、绿化浇灌的功能，如果我们可以回收利用雨水，将会在节水工作上产生事半功倍的效果。崇州市政务服务中心集中办公区雨水回收利用系统的建立，在节水工作中起到了画龙点睛的作用。顾名思义，雨水回收利用系统是在根据需求进行雨水收集后，通过对所收集的雨水进行过滤净化，从而使雨水达到符合设计使用标准的系统。灌溉林木、浇花、洗车、冲厕……这些非生活用水的需求可以通过雨水回收系统满足，改善了水资源不足的困境，缓解了城市供水和需求之间的矛盾。

多道预处理环节保证了所处理雨水的水质。采用蓄水模块进行蓄水，有效保证了蓄水水质且不占用空间，施工简单、方便，更加环保、安全。通过压力控制泵和雨水控制器可以很方便地将雨水送至用水点，同时雨水控制器可以实时反应雨水蓄水池的水位状况。雨水回收利用系统自建成以来运行平稳，由于在系统设计时已预留了未来发展的空间，建成至今，雨水来源充沛稳定，年节水量约为 700 吨，预计每年可节省水资源费用 2100 元。

提高全民意识，做好宣传“除法”

宣传教育是培养节水意识的有效手段，通过有效宣传可以“除”去人们对节水工作的一些错误认识。到崇州市各公共机构走一走看一看，你会发现，在各单位以“节水、和谐、生态”为主题的宣传标语和宣传栏随处可见，连卫生间、洗手处也都张贴了节约用水提示和宣传画，这一宣传举措为整个崇州市营造了创建节水型单位的良好氛围。

除了对干部职工的内部宣传，崇州市还结合公共机构的实际情况及未来总体发展规划，制订了《崇州市公共机构节水型单位建设和考核管理实施方案》，发布了《致全市市民的节水倡议书》等。“我们希望可以通过这些措施培养每一位崇州市民的节水意识，节水是一项全民性工程，不是靠某一部门单打独斗就能取得成效的。节水在一定程度上会改变人们的用水习惯，甚至可能暂时降低原有工作、生活的舒适性。因此，我们通过行之有效的宣传教育活动，提高居民们的节水意识和责任意识，帮助

居民养成低碳生活和绿色消费的习惯，将节水工作真正落实到各岗位、各环节、各小区，落实到办公室每个干部、每个工作人员，以及崇州市每个居民，使节水成为整个崇州市人民的自觉行动。”崇州市节水工作负责人在采访中说道。

“治水千万条，节水第一条。用水不爱水，地球会流泪。”宣传周期间，崇州市水务局和市机关事务管理中心还在市文化馆联合举办了节水知识专题展，展览内容包括我国基本水情、节约用水基本知识、节约用水方针政策与法律法规、农业节约用水、工业节约用水、城镇生活与服务业节约用水、非常规用水、国外节约用水经验等。宣传周期间前来参观的群众、干部职工、中小学学生达 11000 余人次。

“地球上的每一条江河都是人类的母亲，是她用甘甜的乳汁养育我们，是她以无私的奉献把人类的文明一次次推向辉煌，”大大小小的节水活动让居民于蓉女士觉得受益匪浅，“淘米的水可以用来洗菜，洗菜的水可以用来冲厕所……大家都知道要节约用水，但到具体操作时却一个个傻了眼。节水听起来很简单，但实际上还是需要人去引导。现在老年人还都比较节水，但年轻人似乎感觉没必要，又不是花不起那点水费。实际上，水资源是十分宝贵的，没水喝的日子不好过。所以还需要继续加强对年轻人的教育。”

百里沃野、沟渠交织、山川隽秀的崇州，让南宋诗人陆游发出“江湖四十余年梦，岂信人间有蜀州”赞叹的崇州，努力将创建“节水型单位”与创建“园林式单位”“文明单位”相结合的崇州……在新时代背景下，将继续运用“加减乘除”法，勇当节水先锋，做到节水工作心中有术，积极为推进节水型单位创建做出新的贡献。

从再创新“高”到直降“200吨”

“合抱之木，生于毫末；九层之台，起于累土。”青羊区机关事务管理局公车与节能管理科科长晏慧娟在管理局工作十几年，见证了节能工作从萌芽到今日体系的逐渐完善与规范。多年以来，青羊区机关事务管理局在一点一滴的行动中累积经验，在节水降耗之路上披荆斩棘，谱写了生动的青羊故事。

水耗创新高，问题在于源头

年初统计出上一年的超计划用水费用，发现苏坡街道办高得惊人，超了两万元。青羊区机关事务管理局拿到汇总数据后，第一时间发现了水耗问题。多年来苏坡街道办的用水量一直较高，但彼时节能减排的理念并未普及，街道办对于节能减排也未有成熟的认知和处理方式，并未意识到问题的严重性。而2018年街道办工作人员大幅增加，导致这年用水量再创新高，远远超出了核定的计划用水量。“我们每季度、每年是有一个计划用水量的，由成都市城市节水办管理规划。当用水量在计划内时，以正常收费标准交纳水费。而一旦超出了计划份额则会实行阶梯水价，超出计划越多超计划单价越高。”青羊区苏坡街道办事处陈通海说。

每月的用水量和上年度超计划用水费的数字让晏慧娟吓了一大跳，但居高不下的数据也使其对于水耗有了具象的认识，连续的超量超标、交纳高额费用使其意识到了问题的严重性。管理局随即约谈苏坡街道办工作人员，晏慧娟也始终关注着该问题，并实地考察多次，再三强调街道办的当务之急是解决高耗水量的问题。

陈通海是2019年初开始负责苏坡街道办节能工作的，在管理局的重视和超标数据的警示下，他意识到无论是出于挽回经济损失还是践行环保理念的目的，节水降耗都刻不容缓。于是，在管理局的引导和支持下，街道办随即根据实际人数用水需求到市节水办调整了用水指标。同时，陈通海和街道办也百思不得其解，近年来街道办始终倡导并践行节约用水的理念，为何用水量还如此之高？除了工作人员大幅增加，究竟是哪里出了根本性问题？

节约水之路，道阻且漫长

苏坡街道办的耗水量再创新“高”，使得工作人员意识到了问题的严重性，但此前没有太多节能经验的他们百思不得其解，不知问题出在何处。青羊区机关事务管理局凭借多年的节能减排工作经验为其出谋划策。晏慧娟建议他们进行水管道的全面检修和维护，请专业探漏公司检测是否存在水管漏水的情况。经提醒，街道办发现单位总水表的数据果然不正常。“单位总水表一直都在不停地转，说明用水从未停歇过，因此我们预判有爆管、漏水的情况。”负责节水工作的雷老师解释道。由此，街道办在管理局的帮助下开始了探漏之路。

根据青羊区机关事务管理局的建议，苏坡街道办立马展开行动，计划对办公区建筑物的水管、水表等进行全面检修与数据统计，找准问题出自何处，再“对症下药”，探漏测漏，彻底根治。殊不知万事开头难，计划不胜美好，具体施行却卡在了第一步。“街道办基础设施老旧、基础数据缺失，更没有节能降耗措施，节能改造投入大，实施难度大，”陈通海表示，“今年六七月份我们找专业公司连续探测了半个月，一无所获，没有找到症结所在。”街道办水电管网已经使用二三十年了，设施设备陈旧，更棘手的是修建时的基础建设不规范，如今找不到可参考的水电图，这对于检修和开展节能管理很不利。这意味着如若出现渗漏问题将难以准确找到漏点，电路出现问题也只能凭电工经验检修，检修的精准度与效率均会大打折扣。由于没有水管网图，基础数据不完善，2019年7月，街道办持续将近半个月的探漏工作成效不佳。

青羊区机关事务管理局实时跟进苏坡街道办的工作，凭借多年节水工作经验，联系了多家专业公司探漏。皇天不负有心人，2019年8月，在经历了若干个日夜晚的连续探测后，漏水点终于找到了。该漏水点的位置正巧与一地下水渠位置稍有重合，水管爆管后，溢出的水流，迅速流入地下水渠，不会渗出地面，即便是专业探漏也极易忽略。肉眼观之，不过是一片再正常不过的平地，谁又能想到这地下隐藏着一个漏水点，一直源源不断地耗费着水资源呢？晏慧娟表示，节水降耗工作就是个认真细致的活儿，从发现问题到找准问题根源有时十分费劲，因为问题的关键点往往藏在细微末节之处，但当你再多一些耐心去寻找，便能豁然开朗。

节水见成效，理念入人心

在前前后后进行了为期半个月的探漏工作后，漏水点终于找到了。“补漏之后，总水表的状态才恢复正常些。”陈通海表示。经测漏补漏，街道办的节水成效十分显著，8月的用水量直降200吨，为近几年的最低值。“看到数据的时候我们也吓一跳。你想，一个月节约200吨，一年是多少？实实在在节约下来的水资源会让我们感受到节能工作的价值所在。只需通过测漏补漏、设备换新、系统升级、能源升级，就可以避免消耗过大，稍微用心去做就可以避免浪费，做到节能减排，为什么不去做呢？”陈通海感叹道。他一再表示自己和办事处做的事情皆是理所应当，没觉得有何突出之处，不过是本职工作，在岗履职。他说："节水节能的关键很多时候都是细节问题，日常节能工作中，不忽视细节，抓准问题，才能最大化地实现节能减排。而这些是我们应当去做的，换任何人在这岗位上都得去做这件事。"

凭借青羊区机关事务管理局多年的节能经验和专业指导，亦得益于每一位节能工作人员的认真细致与不懈努力，这一棘手问题终于得到了解决，街道办用水量恢复到了正常水平。晏慧娟再次感叹道，节水工作是细微之处见真章，忽视了细节，后果就颇有些"千里之堤，溃于蚁穴"的意味。

目前，街道办正持续开展水平衡测试工作，以进一步确认是否还存在其他漏水情况；而后也将通过绘制水管网图，完善一、二、三级表分类编号登记管理，健全水表登记和巡查制度等措施，提高用水管理水平。

水，让六十岁老池重焕新生

位于华星路一号的猛追湾游泳场一号门在蔓藤掩映下悄然的迎接着前来健身的市民。建于1956年的猛追湾游泳场，已与府南河水相伴60余载，指路牌上的斑斑锈迹留下岁月的痕迹。猛追湾游泳场作为成都“资格最老”的游泳运动健身场所，近年来以水为中心一步一步推进节能改造工作，显示出管理者坚韧不拔的意志和矢志不渝的决心。

“一点一滴”皆浪费

从 20 世纪 50 年代中期发展至今，猛追湾游泳场已经是成都市家喻户晓的游泳健身体育场馆。它不仅承接国家、省、市举办的大小赛事，承担着培养游泳、跳水优秀后备人才的责任，还为市民提供游泳运动健身、体育运动休闲的专门场所。

60 年的发展让人们的现代节能意识不断加强，技术的不断进步使健康中国的理念逐渐进入了每个家庭。作为公益性体育场馆，猛追湾游泳场也迎来越来越多的群众，而游客数量的逐渐上升所带来的是对水资源需求的急剧上升。此外，经过六十年的发展，场馆和设备也都出现了不同程度的老化。

对于游泳场馆来说，水就是生命之源。水资源的消耗主要分为使用消耗和运输消耗。使用消耗主要是水资源的利用程度低造成的，运输消耗则是指运输中的跑漏。

如果说游泳池是游泳场的心脏，那么地下管网系统就是游泳场的血管。除了 2018 年新建的跳水馆，“一管到底”的铁质材料管道连接起游泳场的三个主要功能区：恒温游泳馆、深水池和浅水池。经过 60 年的超负荷运转，管道被水流磨蚀，早已有了裂缝和沙眼。

“一管到底”的铁质管网不仅耗水，而且耗电。因为年久失修，铁质管道出现的裂缝和沙眼，导致了游泳场最常见的资源浪费——“滴、跑、漏”。“滴、跑、漏”，顾名思义就是游泳池池水从地下管道的裂缝和孔眼滴渗、跑漏。除了新建的跳水馆，猛追湾游泳场的老池都存在这样的问题。

“漏水导致水位线下降 10 厘米就意味着 125 吨的水白白流失。”游泳场工作人员说。而在两米深的水池里，游客最为集中，水面浮动让这 10 厘米的变化难以觉察。不仅水管因年久出现老化，池壁也因年久干燥变形延伸出一道道裂缝。

时光从裂缝里流逝，而水也从这里流失。根据建设部于 2002 年 9 月 16 日以第 60 号公告批准发布，2002 年 11 月 1 日起实施的《城市居民生活用水量标准》(GB/T 50331-2002)，125 吨水相当于用水一般型家庭 10 个月的用水量，对于缺水地区而言，意义更大。

工作人员回忆，就在 2020 年夏天，游泳场在分析抄表数据时发现用水用电均超出了正常的用量。经过调查，发现在水质处理过程中，因吸尘次数增加，而增加了电能消耗。原来游泳场的供水管道是“一管到底”，只有用水量总表而没有专门为各个泳池设置分表，一旦出现异常情况，无法很快地准确判断出是哪个场馆出现了问题，更难以快速找到问题根源。

与管网老化造成的水资源浪费不同，老旧淋浴设备造成的水资源浪费相对明显。此外，还有个别游客会在淋浴的时候做其他事情，延长淋浴时间；还有些游客在淋浴之后不文明使用吹风机，导致吹风机使用时间较长。

市民们习惯了过去的一股水的出水方式——水量大。节能改造选择什么样的花洒型号最合适，什么样的水压、出水量才能满足最佳体验需要？这些都需要猛追湾游泳场一步一个脚印地反复探索。

为了最大程度确保健身群众的体验，猛追湾游泳场的开放时间是早上6:30至晚上9:45，开放时间超过15个小时。对一早一晚都需要照明的室内游泳池来说，电能从合理使用到节能型使用还有很大的距离。室内场馆的照明设备比较老旧，相比于几瓦一只的LED灯，上百瓦的灯管不仅光线较暗，也带来了大量的电能消耗。恒温游泳馆使用的老式锅炉和采用传统制冷剂的冷媒设备也如“鸡肋”，能耗较大，但效果不佳。

创建国家级节约型公共机构示范单位，坚持充分发挥水资源的多种功能，坚持“全面规划、统筹兼顾、综合利用”的节水思路，是猛追湾游泳场的一大目标。自上任以来，猛追湾游泳场副场长王继东全程参与了游泳场节能计划的制订，他表示：“作为二类公益事业单位，为保障事业更好发展，必须开源节流。”因此，改造老旧设备，解决因硬件设施老化造成的资源浪费问题，建立长效的节能工作机制势在必行。

“精打细算”促节约

逢会必提充分发挥资源的多种功能，在现有的节能路子上找到新的出口。游泳场领导班子综合考虑现状，探索出这样一条路：对内积极实施改造，向外寻求协助和指导，找出浪费源头，解决问题。

俗话说，牵牛要牵牛鼻子。面对现实情况，游泳场首先从改造老化管网抓起，对游泳场采用水表分项计量和检查。通常，总表水量就是游泳场包括泳池和淋浴等消耗的水源总量，但实际上其中还有一部分是管道损耗造成的。

水表的分项计量，不是指通常意义上的安装分水表、检测分水表数据。根据《国家机关办公建筑和大型公共建筑能耗监测系统楼宇分项计量设计安装技术导则》(下文简称《分项计量导则》)定义，分项能耗是指根据国家机关办公建筑和大型公共建筑消耗的各类能源的主要用途划分进行采集和整理的能耗数据。分项计量就是按照分项能耗进行计量，而计量设备包括水表、流量表、冷量表、燃油燃气表等。

但这也并不意味着安装了分项计量设备后，数据就能够按照国家的分项计量导则进行细分，更不能保证分项能耗就能被准确地监测。分项计量其实是一个采集数据、分析数据、提供用能状况监测的综合性系统，是一个随着数据不断积累，对建筑内用能管理越来越精细的系统。计量设备的安装仅仅是分项计量系统的第一步，还需要做许多后续工作。

在改造水循环系统时，包括新建的跳水馆在内的四个场馆都安装了分水表。有了分水表，随着数据的不断积累，精细化管理越来越到位，在泳池等各项服务达到标准的前提下，游泳场用能数据分析的基础越来越完善。这时，才可以针对各种用能设备进行用能分析，发现其中需要改进的地方。

用水，也要精打细算

针对设备老化这一问题，游泳场在尽量不破坏场馆现有设施的基础上改换老设备，安装并使用新设备。水循环节能改造与原有的新建场馆计划同时进行，必然会带来能源消耗的短期上升，因此猛追湾游泳场以节约资金为前提，尽力实现设备和资源利用的最大化，努力做到最大程度的节能。

老化的淋浴设施改造则是通过细化完善管理制度和更换设备“两手抓”展开的。从细节着手，慢工出细活。针对淋浴而言，采用人工循环的管理模式，对无人情况下的淋浴阀予以关闭，能有效减少水资源浪费。此外，卫生间采用延时阀及节水型水箱供水，达到了节约用水的目的。

围绕水展开的节能改造项目中的另一个重点是游泳池水质平衡。所谓水质平衡，指的是水的酸碱度平衡。水质平衡（Water Balance）一词首次出现在1930年，后来它被加以修正，有雷诺（Ryznar Index）稳定指数和水质平衡饱和指数（Saturation Index）或兰式指数（Langelier Index）两种表示方式，前者被用来作为加热锅炉是否结垢、腐蚀穿孔或出红水的判断标准，后者被用来作为游泳池的水质是否平衡的判断依据。以指数的形式表现出来的水质平衡，并不是一个可以一劳永逸的静态过程。

对于日常维护来说，水质平衡倾向负值时，也就是呈硬度很低的“软水”状态时，池水具有一定腐蚀性，会发生池水起泡、过滤器穿孔、石英砂和活性碳颗粒缩小、滤层缩短、磁砖缝凹陷、加热锅炉渗水等问题，对加热锅炉等硬件管件会产生损坏。但是，腐蚀状态的池水却有利于杀菌效率的提高。

水质平衡倾向正值时，钙硬度较高的池水倾向结垢状态，会发生过滤器内石英砂和活性碳颗粒增大、板结，滤程急速缩短，导致池水混浊，池壁结垢物增多。加热锅炉爆裂或效率下降等问题，对加热锅炉等硬件管件会产生效率威胁。但是，钙硬度较高的池水却有利于过滤效率的提高。

水平衡工作的意义，不仅在于肉眼能见的池水清亮和泳池的安全运转，也在于看不见的硬件管件的使用寿命，防止管路结垢和被腐蚀，降低营运成本。但无论是权重杀菌效率还是过滤效率，最基本的原则都是游泳场能为市民提供更优质健康的公共环境。

“唰”——有着细密喷口的淋浴头代替了成股式出水的淋浴头。“现在淋浴比以前真是舒服多了。”刚从淋浴间出来的王大爷说。此外，自从游泳场采用 24 小时人工循环的水监管模式之后，无人长流水的现象得到明显改善。

多管齐下见成效

精打细算是要通过细致工作减少浪费，而游泳场要想达到节能目标，还需要对大型用能设备进行整体改造，提升群众的节能意识，将节能与生活紧密结合起来。

常见的游泳池水循环方式有三种：顺流式、逆流式和混流式。其中顺流式循环适用于露天游泳池、公共游泳池及水上游乐园。猛追湾游泳场分别于 2008 年、2010 年为深水池、浅水池加装了顺流式水循环过滤系统，场内恒温游泳馆在建成时就安装了顺流式水循环系统。

顺流式水循环的主要工作原理是将全部循环水经泳池端壁或侧壁的池水面以下的给水口送入游泳池内，再经循环水泵抽吸，由设在游泳池底的回水口送入过滤器去除杂质，以降低循环水的浑浊度；在对过滤后的循环水进行加热、水质平衡和消毒处理后，再将循环水送回游泳池内继续使用。

使用过的水能经过处理实现再利用，不用额外增加循环水量，水的利用率就提高了。

不同于前三个馆，经过几年的技术发展后，2018 年新建的跳水训练馆全部采用逆流式水循环方式。这也是更适合竞赛游泳池、训练游泳池等的循环水流组织方式。

不同于顺流式循环的循环水泵抽吸，逆流式水循环中的循环水经池壁溢流堰进入池壁外侧的溢流回水槽，再通过槽底的溢流回水口汇入回水管，流入均衡水池后再进行消杀细菌。逆流式水循环能均匀有效地使被净化处理的洁净水实现有序交换，更新池内尚未进行再次净化处理的水，提高池水净化处理效率。游泳场各池群自安装了水循环设备后，不再需要全部更换新池水。在保证水质的情况下，每天通过设备循环使池水达到卫生标准，而排出的废水仅 37 吨，循环补给的新水量同样是 37 吨，重复用水率达到了 90%，用水量比未使用水循环设备前节约了 2 倍。

对内的水循环系统改造已初见成效，猛追湾游泳场又随即做出了长远规划：为管网系统留出空间。预埋管道，就像为管网量身定做一个外套。300 毫米口径的预埋层内嵌 200 毫米口径的输水管道，接下来进行管网改造的时候就可以直接利用预留空间，顺利完成节能改造。

值得一提的是，照明系统则是此次改造中的又一大亮点。不同于以往的电灯照明，跳水馆照明加装了光导照明系统，“把太阳光收集起来，在房子里放出来”。安装在屋顶的集光罩收集太阳光线，通过光导管将光源引入室内，用以补充跳水馆的照明，利用太阳光取代白天用电照明，减少了用电，达到了节约电能的效果。目前，这套系统在成都范围内只此一家。

水循环的最后一环还进入了市民的宣传教育范畴——“问渠哪得清如许，为有源头活水来”。公共场所节能利己利人的意识真正深入每个人心中。

通过常态化的教育培训，在场内 LED 屏播放以“生态文明、绿色发展”为主题的节能宣传片、图片，以及在人群密集又显眼的地方张贴宣传单等种种努力让人们在游泳的间隙，也能接受节能理念的熏陶。“每周带孩子来游泳的时候，场内张贴的宣传单不仅让孩子学到不少，树立节约资源的环保意识，也让我们做父母的学到很多。”市民王先生说。

两年下来，游泳场的节能工作逐渐展现成效。这背后，是游泳场众多工作人员的辛勤忙碌。作为领导小组成员之一的猛追湾游泳场行政管理部副部长张海燕连续两年荣获节水办节能工作“先进个人”荣誉称号。在日常工作中，像张海燕这样的节能领导小组成员也都是奋战于节能工作第一线的工作者。

随着游泳场设施的逐步更换，节能意识也渐渐在工作人员的心里扎下了根，今后游泳池的节能路该怎么走，大家心里面也越来越有了底气。对于老场馆和老设施，节能改造还需要一步一步来。“节能是游泳场的永恒课题，它需要逐步推进，细水长流。”这是猛追湾游泳场工作人员常挂在嘴边的一句话。节能工作不能一蹴而就，强化节能意识、实施节能改造，需要在实践中摸索，在时间里沉淀。

巧借东风渠，谱写“水”之诗

乘坐成都地铁 4 号线一路向东，再经过几公里窄窄的、树木掩映着的乡间公路，就能看到龙泉驿区的青龙湖小学。与寻常农村学校并无区别，这所小学安静地坐落于城市外围。或许没有人料到，在短短 9 年时间内，这所位置偏僻、发展滞后的普通村小会“出落”成为知名的国际生态学校。

与水结下不解之缘

青龙湖小学坐落于成都最大的生态湖泊——青龙湖畔，东风渠的支流正巧流经校园。在青龙湖与东风渠的滋润下，这座学校具有开展生态教育的得天独厚的地理条件，也由此与水结下了不解之缘。青龙湖小学校长廖小强于 2010 年来此地就职时，就已经意识到这是所基础设施和教学质量均相对落后的村小。因此，在最初几年，廖校长与教师们狠抓教育规范、教学质量，一心只想让学校逐步走上规范办学的道路。彼时，校长和教师们并未听说过生态教育，那东风渠支流也只是流经校园的一条寻常小溪。

三年后，学校教育教学工作有了一定起色，教师们很快发现了新问题：学生普遍缺乏活力、缺乏学习的积极性和对世界的好奇心；尽管毗邻青龙湖，学生对湖泊、公园等周边环境并无深入了解；学校坐拥得天独厚的地理条件，但学生对水的认识却明显不足，他们每天规规矩矩地坐在教室里接受教育，却未能更好地认识自己身处的自然世界。习近平总书记于十八大正式提出生态文明建设，这无疑启发了本就秉持天人合一理念的廖小强校长："我们何不因地制宜，利用学校地处城郊的地理条件和现有资源，理论结合实践，融教育于自然之中呢？"寓教于乐，激发学生的好奇心，也让学生们认识大自然、亲近大自然。于是，学校开始开展一些简单的田园实践活动，这便是后来特色生态课程的前身。

而青龙湖小学真正与水结缘，始于学校开展的一次以"了解自己的家乡"为题的综合实践活动。学生从认识都江堰水利工程开始，了解流经校园的东风渠支流，最终激发了保护水资源的意识。恰巧，学校几位热心教师也对水源保护颇有兴趣，校方随即给予支持，从网上购置了两套400元的水质监测设备。于是，在教师的带领下，学生们开始了定期的东风渠水质监测活动。从此，青龙湖小学与水结上了不解之缘，也由此踏上生态教育实践之旅。

共同谱写水的故事

2015年10月前后，学校成立了水质监测小组，学生们在教师的带领下学习与水相关的知识与文化，并将理论知识运用于实践，定期进行东风渠水质监测。

学生在东风渠固定取水点取水后，用烧杯盛取一定样本，正式开始系列检测活动。首先，通过肉眼观察水的状态，包括纯净度、肉眼可见物等；而后，将烧杯中的水分别倒入几支试管，滴入检验试剂，摇匀，再检测水的PH值、氨、氮含量等。学生在测量PH值时，会认真观察加入试剂后试管中水的颜色变化，通过与标准比色卡的对比，确定PH值的范围。检测结束后，学生会将相关指标和数据记录下来，据此判定水质情况。

水质监测是监视和测定水体中污染物的种类、各类污染物的浓度及变化趋势，以及评价水质的过程，可以为环境管理提供相关数据和资料，为评价江河和海洋水质状况提供依据。学生们的水质监测活动虽然不如专业人员完成监测任务那般系统而精确，却在丰富科学知识的同时，令学生在实践中对水质保护有了初步的认知。廖校长表示："实践操作让学生对水和水质监测有了直观的认识。让学生在了解水之后节约水、保护水，不仅可以潜移默化地培养学生们的环保意识，还可使学校开展的环保活动更加切实有效。

2016 年 4 月，一位学生在进行常规水质监测时发现水中氯含量超标。该学生当即在网上搜索了相关知识，了解到异常水质的危害后，立即向学校汇报，并主动给成都市环保局打电话，“约谈”成都市环保局局长。事后，市环保局表扬了该学生，称赞其在水质监测中的细致与敏锐，及时控制了一起水污染事件的发展态势。

该事件无形中也推动了学校生态教育与实践的发展。教师们由此认识到，经过培训，学生综合能力有了大幅提升，且具备了一定的社会责任意识和环保意识；同时，目前简单的动植物认识和水质监测实践对学生环保理念的深层次培养还远远不够。“看到此前简单的田园活动给学生带来这么大的影响，我们就想着把这些活动拓展开来，进行更多样的环保实践行动。”学校李玲主任说道。因此，学校决定加强生态基地建设，将相对简单的田园实践活动拓展为特色生态课程，并将课程与实践相结合，进一步推进校园生态教育实践建设。由水质监测而始，青龙湖小学逐渐谱写出异彩纷呈的水的故事。

特色生态实践先行

学校就水资源保护和利用，对生态基地进行了一系列建设。例如在东风渠支流上建设小型水力发电站，让学生认识能源，了解发电原理和能量转换规律。理解水资源的综合利用原理。同时，学校依托水车修建净化池，用水车将水导入净化池，使水源得以净化，并在其中种植植物，一方面发挥植物的净化作用；另一方面将其作为生态自然课程的观察样本，实现教育与实践并行。东风渠水源的利用并不止于此，学校进一步在净化池旁建造了人工湿地，如此一来，可将净化后的水引至湿地，最后再使其重新流回东风渠，完成水源的闭环路线，实现水资源的循环利用。

与此同时，学校投入一系列节水设施设备以达到利用水资源、节能环保的目的。走进校园，各处绿化设计、基础建设无不体现着“保护生命之源”的理念。途经教学楼，可以看到学校投入使用的雨水收集管道。雨水收集系统是将雨水根据需求进行收集后，经处理使其达到符合使用标准的系统。回收的雨水可用于浇溉农作物、补充地下水，以及城市景观环境打造、绿化浇灌、道路冲洗、冷却水补充等多个方面，起到节约水资

源的作用。廖小强介绍说："学校的雨水收集利用系统主要是对教学楼屋顶雨水进行回收处理，切实做到了水资源的充分利用。"

在学校绿地上"勤勤恳恳"工作的喷灌设施为青龙湖小学的节水行动贡献了力量。这些草坪灌溉设备看似仅有简单的浇水功能，其实大有玄机：通过对喷头等装置位置的合理设计，可以减少灌溉水在运输和喷洒时的浪费，减少水的深层渗漏和过量蒸发。对于灌溉强度的合理控制，也可以有效避免产生地表积水或径流。小小的浇灌设备可以说处处体现着节约水源的环保理念。

随着节水行动的稳步开展，环保之"水"亦"流"进全校师生的日常生活，生态实践也逐渐拓展到环保的其他方面，其中一大亮点便是垃圾分类。学校于2017年3月正式成立"垃圾分类银行"，2018年，学校还与某环保科技公司合作，共同推动垃圾分类处理。再加上教师们日复一日的强调、督促，学生们的垃圾分类意识明显提高，学校垃圾分类蔚然成风。2018年10月，校内进行了垃圾分类意识调查，数据显示：96%以上的学生具有垃圾分类意识，73.45%的学生表示会在家中进行垃圾分类。据相关统计数据显示，截至2019年9月29日，青龙湖小学垃圾投递重量为2197公斤，获得收益为2185.59元，相当于减少砍伐树木33.84棵，减少碳排放3.68吨。任海溶老师表示："如今，全校师生已经养成垃圾分类的良好习惯。我认为学生行为习惯和环保意识的培养对其一生都至关重要。"

"不要让眼泪成为地球最后一滴水。"学生们自主设计制作的宣传海报上，认真勾勒的一笔一划之间，满是坚定的环保信念。学校的节水宣传和环保意识培养从未落下，校园里随处可见"节约用水"和"垃圾分类"的宣传标语。除了校园里的实践活动，教师们还会带领学生走出去，清理青龙湖湿地公园的垃圾。有时，为了让更多人直接参与到环保行动中来，学生们还会提前绘制充满奇思妙想的环保宣传海报，用心手写环保倡议书，向青龙湖的游客们普及环保知识，甚至帮助游客们亲自动手进行水质检测等。学校全校师生就是如此一日复一日为青龙湖、为龙泉驿区的环境保护贡献着自己的力量。

生态教育入脑入心

在生态基地建设基础上，学校围绕"水"打造了一系列特色生态课程，如"水的故事""海绵校园""校园湿地"等主题课程。这些课程或与语文课结合，衍生出水的故事、诗歌、成语等课程内容；或与科学课相结合，开展水质监测等与水相关实验。随着特色生态课程体系化，其内容也从水拓展开来，涉及大气保护、垃圾分类等低碳环保理念的各个方面。

许多教师也依托百鸟园基地与青龙湖湿地公园，倡导爱护鸟类、保护环境、敬畏大自然的理念。任海溶老师的“鸟的天堂”课程便是依托百鸟园生态基地进行教学的典型例子。任老师会带领学生到百鸟园，引导大家通过望远镜观察记录鸟儿的基本特征和生活习性，并在此基础上普及湿地保护知识。通过课程学习，可以更加深入了解到，各类湿地不但拥有丰富的自然资源，还有巨大的环境调节功能和生态效益，在提供水资源、调节气候、涵养水源、降解污染物、保护生物多样性和为人类提供生产、生活资源等方面发挥着重要作用。任老师还会通过游戏进一步开展湿地保护教育，譬如在学习鸟与湿地的关系时，将学生们带到相对宽阔的地方，在平地上放置几个呼啦圈作为“湿地”，让学生站在呼啦圈里扮作“鸟儿”，再准备一些卡片扮作鸟儿的食物放到“湿地”以外。游戏时，“鸟儿”一早外出觅食，傍晚归家，回到“湿地”。但“鸟儿”每外出一次，“湿地”便减少一点，一些“鸟儿”没有了家园，面临死亡结局。“这个游戏模拟了人类对环境的破坏，湿地不断减少，最终导致一些鸟类的灭绝。”任老师说。

任海溶老师表示：“这种将环保理念寓于游戏与实践的形式，深受学生欢迎。每次做游戏和带望远镜去百鸟园观鸟的时候，学生特别兴奋。这类活动起到了事半功倍的效果，让学生切身感受并深刻认识到湿地保护的意义，认识到鸟与自然、人类与自然的关系，从而亲自投身到环保行动中来。”

同时，学校建立了一套自成一体的特色生态评价系统，即用“生态币”对表现优异的学生进行奖励。每个同学都有一本“生态银行存折”，在环保活动中于某一方面表现优异，其“存折”便可盖上一枚印章，即“生态币”。学生可以凭此至学校生态超市兑换生活用品和小礼物，从而达到正向激励的效果。至此，青龙湖小学因水而起、与实践并行的特色生态教育模式逐渐发展起来。

绿色发展成果丰硕

自 2015 年青龙湖小学正式提出“生态教育，幸福人生”的办学理念后，全校师生探索生态教育之道，实践与理论教育并行。如今，学校已经建立了水质及空气监测系统、气象监测站、智慧生态大棚基地、水循环过滤池、水力发电站、风能与太阳能发电系统等生态基地，并配置了草坪灌溉设备、雨水收集设备等节水系统，依托于实践的特色生态课程也已形成较为完善的教学体系。几年之间，青龙湖小学

从一所普通的农村学校“出落”为知名的国际生态学校。全国各地中小学校与相关部门、单位纷纷赴学校参观交流，并给予学校高度评价；学校师生也时常走出学校，到全国各地进行生态教育经验分享。学校先后荣获了“国际生态学校”“联合国教科文组织可持续发展实验学校”“全国生态文明示范校”“全国小河长小湖长青少年环境志愿行动项目首批试点学校”“四川省环境友好型学校”等诸多荣誉。

在教育与实践并行的基础上，学校还引入 STEAM【即科学（Science）、技术（Technology）、工程（Engineering）、艺术（Art）、数学（Mathematics）】教育教学模式，注重多学科融合教学，将生态环保理念与语文、数学、科学、美术、艺术等多学科深度融合。廖小强表示：“我们下一步将结合智能化数据平台建设，将特色生态教育发展为高品质的智慧生态教育，继续将低碳节能、绿色环保贯彻落实于学生学习生活的方方面面。”

因水而起，因水而名。青龙湖小学从两套简单的水质监测设备起步，谱写出生动活泼的“水的故事”，随东风渠流经校园各个角落并流向了全国各地。然而，“水的故事”远未完结，青龙湖小学关于“水”的环保实践仍在继续，让我们继续期待他们所谱写的新篇章……

绿色风尚篇

Green Culture

习近平总书记指出：“绿色发展是生态文明建设的必然要求。”近年来，成都市积极践行新思想、新理念，夯实绿色文化底蕴，推动形成与绿色发展相适应的思维方式、发展方式和生活方式。环保教育贯穿学校、家庭和社会，绿色发展理念深入人心，节能减排行动蔚然成风。

党政机关的绿色节能梦

从成都地铁 4 号线光华公园站通往温江区政府集中办公区海科大厦的道路两旁有一大片绿地，天气晴朗的时候能看到草坪上孩子们手牵风筝线奔跑的身影。据了解，这是温江区政府坚持生态资源共享、还绿于民、主动开放绿色空间后的常见景象。通过植绿补绿、增设步道、拆墙见绿，温江区将政府办公场所打造成亲民“大公园”，为人民增添绿色景观。

近年来，温江区一直致力于打造“健康花园城市”，以“生态为基、绿色发展”的节能工作理念，画出一条条动人的绿色节能轨迹。

绿色出行，掀起风潮

2011 年，公共自行车还是笨重的市政有桩车，共享单车尚未普及。当时温江区机关事务服务中心却率先投放 320 辆公务自行车，开启了绿色出行探索之路。至 2017 年投放的公务自行车已累计使用近 20 万人次。如今，通过公车改革、共享单车进机关、创新公务出行保障方式等举措，温江区机关事务服务中心不断适应新科技与新变化，逐步开辟了一条独特的绿色出行之路。

对于城区面积不算很大的温江区 ，一部分员工的出行问题可以通过使用公务自行车解决。但公务自行车停放地点单一和每天需按时归还的使用要求，限制了一些员工的使用积极性。让共享单车进机关并且开辟专属共享单车的停放区域，能很好地解决这一问题。为此，经过周密的计划和精心的安排，2017 年 3 月，共享单车被正式引进温江区政府集中办公区大院。

“以前地铁没通，作用还不那么明显。现在地铁通了，用共享单车的人更多了。有时候去市上开会，我会先骑共享单车到地铁站，然后再搭乘地铁前往成都，这样既节约了出行成本，也不怕半路堵车。”办公区工作人员胡应峰颇有感触地说。

据统计，截至2019年底，集中办公区共享单车使用总量约为7万余人次，使用人群覆盖了领导和一般工作人员，而这个数据还在不断提升。如今，共享单车已经成为温江一道亮眼的风景线。

在全区各公共机构的带领下，温江区正掀起低碳出行、绿色消费、减少能耗的新浪潮。2019年4月，温江区机关事务服务中心与成都某新能源有限公司合作，通过市场化运作方式，零投入引进社会资本，在温江区政务服务中心停车场设立新能源公共充电站，并面向全社会开放，鼓励大家绿色出行。9月初，温江区政务服务中心快充站建成并投入试运行，截至2020年，已接待用户充电300余次，并于2020年底正式投入运行。

该快充站设置了13个充电车位，采用车档式终端充电方式实现无桩直流充电，两小时内可充电完毕，满足用户快速、安全的补电需求。快充电按照发改委的标准用电费用额度，通过设立闸门实现车辆充满自动断电。为避免车位被无故占用，快充站采取了两小时内充电免收停车费，两小时以上加收停车服务费的举措。

“这样我们的充电点就和其他地方的充电点一起构成了一张网络，使人们出行更为便捷。这将极大地满足外来办事群众及周边新能源车用户的充电需求，从而鼓励更多的市民选择低碳绿色环保的出行方式。充电基础设施越完善，新能源汽车的推广才能越顺利，要不人们总担心续航不足。”新能源快充站的负责人如此说道。

推行共享单车和新能源汽车后，相关财政支出明显下降。

如何在节能降耗上再下功夫？温江区机关又有了新的想法。在公务用车方面，温江区在为现有车辆贴上公车标识的同时，还探索推行公车GPS定位，对公务车辆进行24小时无死角监控，以避免公车私用滥用。但用车审批环节依然存在反复沟通、多层审批、耗时耗力的现象，加之一些单位在个别时段，如大型活动接待等时段用车需求特别高，如何在公车审批环节下功夫，提高审批效率，温江区又摸索出了自己的新路子。

借鉴“神州租车”等网络租车平台的管理经验，温江区机关事务服务中心与成都电子科技大学合作研发了温江区政府公务出行用车平台。该平台无需下载APP，用车单位直接通过电脑或微信登陆系统发出需求，在填写车型、座位、用车地点、用车时间等信息后，系统会自动响应安排相应车型和驾驶员；派遣单位浏览系统安排后，亦可同步审批和安排车辆；用车结束后，用车单位还可通过平台完成网络费用结算、审批单提交等用车流程。该用车平台于2016年5月在电脑客户端和微信平台正式上线。

在用车平台正式投入使用后，以往烦琐的流程只需在APP上申请，经网络审批和派车就能出行，且此后的报账环节等也可以通过平台调度办理，让时间成本、人力成本大大降低，办公效率得到极大提升。

智能节电？崭新路径！

作为区委区政府集中办公区，海科大厦集中了不少机关单位，也汇集了为数众多的办事群众，大厦能耗因此居高不下。具体来看，海科大厦的能耗主要为电能，进行电能降耗，是大厦节能工作的首要任务。而对于如何降耗，机关事物服务中心在逐步探索中已有了初步答案。

“从2009年开始，我们就在着手建立网络智能电力监测系统。可以说，我们是区县级别政府电力监测系统的先行者。”温江区机关事务服务中心公共机构节能科杨飞介绍说。

海科大厦共有8栋建筑，每一栋都安装有电力监测装置，工作人员通过监测数据分析得出不同楼层的电力消耗情况，从而更精确、更有针对性地对每一栋楼进行节能改造。如今，在初步建成的智能电力监测系统的基础上，温江区机关进一步拓展，与世界500强企业美国通用电气（General Electric）合作，通过电力测量系统与PMCS电能管理系统进行监测大度用电，为电力监测系统的功能延伸和日常维修保护提供了更为稳定可靠的保证。

监测显示，中央空调系统是全办公区的能耗大户，降低空调系统能耗便成为温江区机关节能降耗工作的第一个小目标。

通过传统空调冷媒系统的改造升级和定期维修保养，从硬件上降低空调能耗；还对空调开关进行了巧妙的设置，让电能能耗下降了不少。

“我们对中央空调安装了时控开关，定时开启，明确温差。三小时未操作，则自动关闭室内空调开关；夏天温度设定过低或冬天设置过高都有警示，确保冬天空调温度不超过20℃，夏天不超过26℃，”工作人员杨飞介绍说，“办公区8栋大楼的几千台空调每天不间断运作，产生了巨

大的耗电量，但办公人员真正使用的时间其实只有七八个小时，闲置时间空调电能其实是被空调白白浪费掉的。这个时控开关能够帮助腾出多余的电能。”

耗电设备除了中央空调外，还包括众多电梯和 10000 多只 LED 灯。

按照不同办公楼和办公区实际采光需求，温江区机关事务服务中心对办公楼采光环境和灯具进行了调整，以最大限度节约用电，充分利用大楼外围大面积玻璃幕墙自然采光。温江区机关事务服务中心对自然采光照度进行了测算，通过移动办公桌使其能够最大程度地利用自然采光；同时，将办公区内的所有灯具从 T8、T5 荧光灯更换为更高效的 LED 灯。而对于电梯，则通过低成本的技术改良，设置为二、三楼不停，错层停靠，以降低设备运行能耗……

看起来卓有成效的电力节能改造并非一蹴而就。在电力系统全面改造之前，温江区机关事务服务中心专门进行了电力节能试点实验。他们以区计生服务中心为试点，对既有建筑的节能改造进行了探索。“节能改造其实是一项不小的工程，先小范围试点，然后再大范围推广，并不断纠错和完善，对每一项工作都需要抱有慎之又慎的态度。”杨飞说。

特色管理？做成常态！

不满足于传统的水电气节能改造，温江区机关事务服务中心还有进一步大动作。他们打算从运行机制和节能采购两个方面入手。区机关事务服务中心成立了节能工作领导小组，制定了节约用电、用气、用水的行为规范，并严格按照国务院办公厅关于政府强制采购节能减排产品的要求，不断完善相关制度和管理方式，在标书制作、采购程序、评审方法等方面严格执行节能减排采购制度，大力推动政府采购节能减排产品工作。2019 年，区政府采购中心用于采购节能、节水产品的金额达 453 万元，节能环保产品占当年政府采购比重的 74.53%。

为避免公共资源浪费，温江区机关事务服务中心还创造性地建设了“公物仓”，将各部门的闲置物资全部纳入“公物仓”集中调配，从而减少行政事业单位办公设备重复配置、闲置浪费现象，实现国有资产共享共用。目前，已纳入“公物仓"的办公家具及设备等价值共计 428.56 万元，根据部分单位的实际需求，借助“公物仓”节约下来的财政资金已有约 75 万元之多，有效提高了公共资产的使用效益。

与硬性制度管理相适应的，是特色化的节能宣传工作。

走进温江区机关事务服务中心所在的海科大厦4号楼，可以发现走廊两侧宣传栏张贴着许多节能宣传标语和宣传画，宣传内容定期更换，时刻提醒人们注意节能环保。为了让节能理念更加深入人心，机关事务服务中心花了不少心思，做到通过更具创意宣传内容吸引公众关注。

每位工作人员的办公桌上都摆放着一个特殊的纸巾盒。这个白色的纸巾盒上印有绿色树木标志，标志下方写着“节约用纸、再造森林”一行小字。纸巾盒的玄机就在这个绿色的树木标志上：在使用过程中，人们会惊奇地发现，随着纸巾的使用，树木的颜色会逐渐变浅，最后完全消失。“这一设计直观地提醒大家：每用一张纸巾，就是在消耗森林资源；每节约一张纸巾，就是在保护森林。”杨飞介绍。

除了内部宣传，温江区机关事务服务中心还与广告公司合作设计了环保宣传单向市民发放。单调的宣传单效果不够理想，便与广告公司反复讨论，提出新的解决方案：设计实用度更高的环保产品，如环保购物袋，在夏季则选择使用频率更高的凉扇……从自我教育到公众宣传，温江区机关事务服务中心希望节能文化能够逐渐深入人们的生活之中。

从当年投入公务自行车、率先倡导低碳出行，到如今成功构建从用车、用电到节能宣传教育这样一套相对完整的节能工作方案，温江区机关事务服务中心在节能减排路上的探索从未停息。

“2014年，我们第一批成功创建国家级节约型公共机构示范单位，此后也一直在探索如何做到更好，如何将节能环保、绿色发展理念渗透到人们生活的方方面面，到以达到‘润物细无声’‘传承一代又一代’的效果。我们就是要做节能领跑者。”杨飞坚定地说。

节能标兵是这样炼成的

“地球上的淡水资源占总水量的比例是多少？”“海水能转化为淡水吗？”“水污染是如何影响生态系统的？”在大邑实验中学，一场节能环保知识竞赛正在开展。竞赛伊始，几个与水资源有关的问题一下子就激发了同学们的兴趣，也让比赛现场的气氛骤然紧张。在一旁“观战”的大邑实验中学专职节能减排负责人邹正道老师介绍说：“这次竞赛不仅是一次简单的节能环保知识竞赛，更是一场节能减排的宣传活动。”

大邑提出“生态立县”的建设目标之后，大邑实验中学高度重视、积极响应，校长亲自挂帅，全员动员，用实际行动走出了一条节能减排的标兵之路。

抓基建，夯实节能基础

“没有硬件条件的改善，节能减排就容易成为口号。我们现在是咬紧牙关把硬件条件搞上去。”邹正道老师说。大邑县实验中学硬件建设的重点工程之一是教学楼卫生间的分批改造。目前，将近一半的卫生间正在封闭施工，没有施工的卫生间外则排起了长队。

学校进行卫生间节水设施改造，一开始，各方面意见一直难以统一，毕竟这项工程花费巨大，而资金只能内部筹措，也就意味着学校其他开支要大大削减。但如不改造，作为一所有着近 3000 名师生的学校，学校月均用水量高达 13000 立方米，光水费就要花掉 1 万多，这会让学校本来就不宽裕的运行经费更加雪上加霜，所以最后学校决定“长痛不如短痛”，咬着牙进行改造，彻底改变卫生间水资源浪费的这一现状。

说干就干。学校请来相关领域专家进行现场考察，设计、评估改造方案。经过多方论证，最终决定将 24 小时不间断冲洗的沟槽式厕所改造为单次使用单次冲洗的马桶。“按一箱水 20 升来计算，每隔 30 分钟冲洗一次，24 小时下来，耗水量惊人。改造成马桶以后，用水量大大地减少了。”邹正道老师说。此次改造，还让大邑实验中学有了节能之外的意外收获。此前，卫生间的卫生状况一直是让学校头疼的问题；改造后，卫生间不再统一定时冲洗，用完既冲，清洁状况得到了极大改善。

卫生间节水改造项目只是大邑实验中学节能减排工作的一部分。实验中学在全校范围内轰轰烈烈地开展节能减排行动，进行了一次彻彻底底的节能大改造：开展“光彩工程”，按照教学优先、办公优先、耗电规模优先原则，将不能利用自然采光区域的传统灯管和灯泡改换成 LED 节能灯管；为宿舍加装了 75 吨空气能热水器；在食堂采用了节能炉灶，高效油烟净化等节能设备；在校园内使用太阳能路灯……一系列硬件改善，为节能减排工作的持续推进打下了坚实基础。

强管理，健全框架制度

初二二班的刘畅同学至今还记得，去年冬天有几个住校生偷偷购买了电热水壶，可没想到，第一个月就被宿管阿姨发现了，还为此“挨了批评”。能够如此快速地发现宿舍用电量异常，主要应归功于学校对每栋楼加装的分户电表以及专人负责、定期更新的“能源资源消费统计台账”。

要增强学校老师和同学们的节能意识，培养节能习惯，实现耗水耗电精细化管理，关键在于建立健全节水、节电、用能设备维护等方面的日常管理制度。正如邹老师所说：“只有严格把关，不断建立完善节能制度，才能让每个人都感受到节能的压力。”这种压力经过自上而下的传递和分解，就形成了推动人人关注节能、实践节能的动力。2016 年，大邑实验中学密集出台了《大邑县实验中学节能减排工作奖惩制度》《大邑县实验中学用电管理制度》《学校节能管理制度》《学生公寓用电用水管理制度》等一系列规章制度。还在各楼栋加装了电表和分户水表，对用水用电情况进行分类计量。师生对这一改革却十分支持，有老师说：“以前学校用电用水都是大家一起吃‘大锅饭’，用多用少没有区别。我们加装电表、水表以后，将每个部门、每栋楼的用水用电情况统计出来，表扬先进，激励后进，现在大家都争着节水节电呢！”大邑实验中学还建立了能源资源消费统计台账，按月填报《公共机构能源资源消耗统计表》，按季度学校用水、用电以及用气情况，从综合能源消耗情况、能耗构成、能源资源消耗指标对比等方面做出能源消费数据分析报告，为下一季度的相关工作安排提供依据。

节能监管平台大数据显示，大邑实验中学实现了能源管理的深度细化，能耗指标设置更加科学合理，节能改造目标更加明确，管理制度更加健全。合理的规章制度加上科学的管理方法，为大邑县实验中学的节能减排工作铸牢了制度框架。

重教育，强化节能意识

硬件奠定基础，制度确保方向，而要想建立节能减排长效机制，还得依靠节能减排意识的培养。正如邹正道老师所说，学校的本质是育人，只有让节能减排理念深入每一个学生心中，从小培养学生的节能减排意识，才能以学生为“小点”带动社会这一个“大面”。因此，要让每一位学生都参与到学校的节能减排工作当中来，为学校节能减排大厦添砖加瓦。

余思甜是大邑实验中学初二三班的学生，谈起学校的节能减排教育，她显得有些兴奋：“之前学校组织了一场节能减排知识竞赛，我作为选手参赛了。虽然成绩不是很理想，但通过那次比赛，我深刻地认识到节能减排对我们社会的重大意义。现在我特别注重环保，如果整个社会是大海，每个人就是一滴水，大海受污染会影响每一滴水，每一滴水的努力也会有助于净化大海污染。”节能减排教育不仅加深了余思甜本人对于节能减排的认识，还将节能减排的理念和意识传递到了她的家庭中。“不久前，学校开展了节能减排的教育活动，回到家后我也组织家里人进行了一次‘节能减排、你我行动’的讨论活动。我和爷爷、奶奶、爸爸和妈妈讨论了很多节能的方法，爷爷说他以后冬天会把空调设定为20℃，夏天设定为26℃；奶奶说她以后去超市要带布袋子；妈妈说洗洁精有很多化学物质，会对环境产生污染，以后会少用；爸爸说以后会尽量少开车；而我则提出了要注意废纸利用。在我的带领下，我们一家人都越来越注重环保。”

余思甜口中所说的节能减排教育活动，正是大邑实验中学从2016年3月开始，每年联合上级主管部门定期开展的节能宣传活动。为了实现培养节能减排意识的共同目标，学校各部门都结合自身工作特点，开展了丰富多彩的宣传活动。德育处通过知识竞赛、学校宣传展板普及节能小知识，不断提高师生节约意识；办公室按计划组织师生绘画比赛，以“生活节约小点滴”为主题进行节约宣传；团委组织了一系列文艺节目，并通过诗歌、朗诵，以及倡议活动等进行节约宣传……学校还利用升旗仪式、月会、班会、课间操时间对全校师生进行潜移默化的引导教育，并以班级为单位开展“节约用电”主题班会等。为了实现节能教育和培训工作开展的常态化、系统化、精细化，学校还面向全体师生定期开展节能岗位培训，举办节能减排知识讲座，并利用黑板报、学校宣传栏等发动

全校师生认真学习《公共机构节能条例》和学校其他相关规章制度，普及节能常识，提高师生节能意识。在学校的积极引导和全校师生的身体力行下，节能减排理念在大邑实验中学深入人心。

功夫不负有心人。一系列脚踏实地的行动带来了一系列丰硕的成果。学校耗电量由原来的月均25000度下降到月均22000度，降幅12%；学校月均用水量由原来的13000立方米下降到月均11000立方米，比改造前降低了15.4%；学校的公务运行经费也有了大幅度的下降：至2018年12月末，学校办公费用支出比去年同期降低了12%；学校开展的废品回收活动截至目前已经收集了废品千余斤、废家电53部。更加令人欣慰的是，在长期的节能宣传活动中，教师和学生们的节能减排意识不断加强，不仅成为节能减排的行动者、参与者，甚至自发地成为节能减排的宣传者与号召者，不断为节能减排工作贡献力量。节能减排不是你的事、他的事，而是大家的事。

大邑实验中学节能减排的成功实践证明：一所敢想敢干的学校，不仅可以教育好人，更可以将环保的绿意传播得更久更远。

一所中学给出的节能答案

坐落于文庙前街的石室中学，既坐拥市中心的喧嚣，又怀揣锦水河畔的宁静。走近这所被国际誉为具有“中国标本”意义的“千年名校”，古朴典雅的校门上方是清代嘉庆年间四川总督将攸铦亲笔所书的“文翁石室”牌匾。“古今一校”“2160年的历史”“有司马相如、李密、郭沫若等杰出校友”是长久以来石室中学最鲜明的标签，也是大众对它最深刻的印象。这么一所有着无数光环的学校，又是如何将节能减排进行到底的？“做好节能路上的每一件实事。”这是石室中学用实际行动给出的答案。

“制度化、专业化”，筑牢节能基石

从汉代文翁兴学，石室中学已走过了2160个春秋，期间校名虽多次更改，但校址却从未变动。悠久历史的背后，旧校区“基础设施陈旧”“无节能降耗措施”“实施难度大”等问题也不断显露。近年来，石室中学认真学习领会习近平总书记“绿水青山就是金山银山”的生态文明思想，遵循校训“因时应事”的指导，坚持与社会共呼吸、与时代同发展，结合校史校情实行了一系列节能减排的行动。

“领导有方向，行动有制度，才能更好地进行节能减排。”石室中学首先确立了“节能减排、制度先行”的原则，坚持以制度引领行动。学校制定并公布了《关于成立节能主管部门和专职管理人员的决定》，明确了关于节能减排人员的具体工作职责。其次，学校成立了节能减排领导小组。领导小组在学校党委和校长的领导、分管校长的督促指导下，认真完成上级下达的节能工作指标和学校每年的节能工作任务。当被问及对节能减排工作安排是否有意见时，总务处杨洪主任斩钉截铁地回答道：“我们或许在其他的工作上会存在分歧，但在节能减排工作上绝对不会有任何分歧，因为这是利国利民的事情，这一直是大家的共识。”

节能工作的制度化，为接下来的各种专业测试及改造打下了坚实的基础。首先是水平衡测试。水平衡测试是指对用水单元和用水系统的水量进行系统测试、统计，从而分析得出水量平衡关系的过程。通过水平衡测试，用水单位可以掌握用水现状，以及各种产品的用水合理消耗和定额水平，为进行节水规划、节水管理提供可靠的基础性数据。对学校而言，水平衡就是相关单位根据学校内部的供水、排水和用水的具体情况，确定的一个合理的水量平衡范围。如果用水量超出了这个范围，就证明学校的用水有问题，就应通过学校水管网图绘制，一、二、三级表分类编号登记管理，水表登记和巡查制度的完善等有效措施提高用水管理水平。三年一次的水

平衡工作，石室中学已经做了两次，2016 年 5 月，学校还被评为成都市节水工作先进单位。

除了水平衡测试外，学校节能工作的另一项重点工程是学生公寓热水管网改造工程。杨主任表示："在没进行改造之前，老师和学生的公寓每天热水供应时间只有 1 小时，因为用电量实在是太惊人了。我们做过一个很粗略的估算，假设一台电热水器功率是 8000 瓦，每个楼层有 15 台热水器，一共有 5 层楼，即使每天每台热水器只工作 1 小时，用电量也是很大的。所以我们投入约 53 万元资金进行热水管网改造，其节能原理类似空调的逆向利用，通过从空气中取出热量为师生供水，而现在我们的热水可以 24 小时供应，用电量却不增反降。"

"践行者、领跑者"，开展生动实践

提到石室中学的节能减排工作，不能不提到一位核心人物——担任节能联络员的赵伟老师。当被问及负责节能减排工作多久时，赵老师一愣，随后笑了笑说："很久了，已经记不得了。刚开始接触节能减排工作是因为领导的安排。既然领导安排了，我想那我一定得把它做好，至少得做到干一行爱一行。除此之外，我们从小到大都一直被灌输'节约用水'的理念，自己心里也清楚节能减排是有意义的。这些想法都驱动着自己一步步做下去。刚开始确实挺难，因为毕竟是个外行，很多东西都不懂，平常能做的工作一般只有抄数据、监控用水量，但通过每年参加机关事务管理局、水务局、节水办等各单位组织的节能学习活动，再经过长时间摸索，我慢慢熟悉了整个流程，对数据也有了敏感度。大概在 2010 年的时候，我在一次检测记录时感觉用水数据有些异常，第一时间邀请第三方公司的专业人员来检查，发现管道确实出现了问题，及时进行了修复，避免了更大的资源浪费。"

尽管赵老师在采访过程中一再表示自己只是做了份内的工作，节能减排的成绩应归功于领导的高度重视以及各部门的紧密配合，但大家都明白，能够多年如一日坚持做好节能工作，其间赵老师所付出的艰辛努力不言自明。

"同学们，你们知道雾霾是怎么产生的吗？你们知道垃圾露天堆放，每天会释放多少有害气体么？你们知道一块电池不正确丢弃会造成多大的污染？”这是石室中学一堂化学课上老师对学生们提出的问题。对于学校而言，做好节能减排工作的重要任务之一，便是自觉发挥好学校作为教育阵地的作用。作为学生节能减排意识的引领者，石室中学的教师纷纷行动起来，将节能环保教育与学校教育结合起来，帮助学生在掌握学科知识的同时，了解节能环保知识，树立节能环保意识，养成节能环保习惯。

此外，学校经常通过主题教育宣传活动，向全校师生发出节约用水、用电等节能倡议；利用橱窗、多媒体、广播、升旗仪式等对全校师生进行节能宣传。“传薪根与芽”“ep 环保社”等环保社团会在“世界水日”“中国水周”“学校节水宣传月”开展节水、节电等节能主题的系列活动，并在卫生间、食堂、洗手池等处张贴标语和节水宣传画。班级内也会定期举行“惜水、爱水、节水”“我的低碳绿色生活”等主题班会，并利用班级“黑板报”“手抄报”等活动交流环保节能的好方法，学校还鼓励学生把校园环保节能理念带回家庭，带向社会……

2019 年 10 月，石室中学环保园艺协会的成员来到成都市知名旅游景点锦里及武侯祠，开展了以“人人环保”为主题的环保知识普及环保签名征集公益活动。他们向活动现场的成都市民以及中外游客宣传环保小常识，并呼吁广大市民和游客朋友“从我做起，从小事做起，重视环保”。这次活动得到了广大市民和外国友人的称赞与支持，获得了近百位中外人士的签名及支持环保事业的承诺，为成都市环保事业贡献了一份石室力量。

从领导到员工，从老师到学生，石室中学将节能环保工作层层落实到人。通过全员重视、全员参与、全员宣传，为学校节能工作的顺利开展打下了良好的基础。

“快发现、快解决”，强化监督管理

节能之路并不总是一帆风顺，提起其中的困难之处，千年名校石室中学也有许多感慨：首先是基础数据不完善。由于历史原因，很多住宿区、办公区均无电网图和水管网图，因此即使出现了问题也难发现、难解决，这对节能管理工作的实施造成了很大不便。其次是设备设施陈旧、严重老化。由于建筑物建成时间长，设备设施管理更新不及时，一些基础设施存在超期服役现象，很多仪表早在 2008 年就已到了校准年限。延用这些不精准的计量工具，长时期抄表记录的真实准确性实在难以保证，这也增大了行政办公经费的浪费。水管老旧、电路老化、节能改造投入大……面对这一系列节能难题，石室中学没有放弃，“快发现、快解决”，一一攻克难关，全面实现降耗增效。

在节水方面，石室中学选择了最快也最可靠的方法——实时监控。杨主任对此还做了一个生动的比喻：“假设整个学校是以小时为单位的钟表，我们的教学楼就是分钟表，每层楼、学生公寓和食堂就是秒表，我们按时、分、秒读数，就是分等级进行监控，观察是否有异常，并及时进行排查。数据异常无外乎两种情况：一是管子漏，需要立马找人来维修；二是人为浪费，比如学生没关水龙头，我们会对相应人员进行教育甚至惩罚。”而针对用电问题，石室中学也实施了相应方案：一是跟随时代脚步，对设备进行“快更新”。从最早的白炽灯到日光灯，到节能灯，再到现在的 LED 灯，看似小小的改变带来的却是巨大的节能成效。在同样的亮度下，LED 灯相比白炽灯，其耗电量只有后者的十分之一，但寿命却是其 50 倍。基础设施的升级让路灯可以通过声控开关控制，这些都明显提高了能源利用效率。二是电的智能化管理，通过电子设备“快发现”问题。2017 年，石室中学对综合楼进行了改造：每间教室安装了远程监控用电设备，负责人只需坐在电脑前就可以监测每间教室的用电状态，如果发现某间教室的灯或者空调没有关闭，可以实现远程关闭。

与此同时，学校在办公平台上开设了维修报告提交通道，倡导师生全员参与，进一步扩大了监督面，提高了维修工作的及时性和准确性。具体来说，“快发现”有效地降低了因工作拖、延、误等因素造成的资源浪费；“快解决”则倡导谁先发现谁先处理，处理不了的第一时间上报总务处，由总务处安排水电工及时处理。石室中学还把落实好基础工作做为学校节能工作的突破口，坚持以务实高效的领导作风带动整体节能水平提高。目前学校已做到专人不断巡视，及时关灯关多媒体，夜间学生离校后关闭教学楼水阀；全办公区域用水器具由专人定期检修，遇放假即停水停电；及时将各班节能记录反馈教育处，每个月对班主任进行评比、奖惩。

对于石室中学来说，节能减排是一项长期工作，不在一时一刻，而在自始至终；不是故步自封，而是日日有增益、年年有创新。在科技迅速发展，在全球能耗逐年上升的大背景下，2017 年到 2018 年，石室中学实现了用电量、用水量大幅下降的辉煌成绩。不得不说，只有数据清清楚楚，行动明明白白，天蓝水清方可期待。

节能减排路上的“二敌一友”

从树德中学（宁夏街校区）的西大门步入校园，大路两旁的行道树随着微风轻轻摇曳，静谧的道路缓缓延伸。在路的尽头，万世师表孔子的雕像矗立在教学楼前。再往里走，“树德树人，卓育英才”八个承载着树德精神的大字便映入眼帘。九十载教泽流芳，树德中学为国家培养了数以万计的优秀人才。而如今，树德中学更将节能减排作为卓育英才的又一项重要内容，开始了全新的探索与实践，开启了与两个“敌人”和一位“朋友”的全新故事。

擒贼先擒王，用水乃敌首

树德中学（宁夏街校区）翻新改建于 1993 年，校园内的建筑和设施都比较老旧，2013 年进行了一次风貌改造，虽然使学校的整体形象得到了很大提升，但是仍然没能摆脱地下水管爆管这一脾气火爆的“头号敌人”。2013—2018 年，学校多次发生爆管事故，其中最厉害的要数 2018 年 3 月的那一次。

那次水管爆管是负责校园用水管理与数据统计的覃伟老师最先发现的。在整理用水量数据时，覃伟老师警觉地发现学校该月用水量超出平均水平，经验丰富的他立刻做出判断：“极有可能发生了漏水情况。”覃伟老师不敢耽搁，当即上报学校总务后勤处，请学校派人前来勘查处理。不料这次的漏水点十分隐秘，学校聘请了专业探测公司才成功找到漏水源头——原来是第一教学楼背后绿地下 PE 管因接口不牢固，再加之使用年限较长，发生老化破裂。“每次爆管事故发生后学校都需要请专业探测公司勘察，找到爆管处，重新进行修补，”覃伟老师无奈地说，“这真的很麻烦，而且有时候找了好久也找不准位置。”

这一次的爆管事件引起了总务处谭忠友主任的高度重视——总这么爆管也不是个办法，不但浪费大量水资源，还影响学校的正常运作。可是管道的检修换新也是一项大工程，该如何推进呢？正当谭主任苦苦思索对策的时候，成都市教育局下发了号召市直属学校建成成都市级节水型学校的通知。“这可是个一举两得的好机会！”谭主任灵光一闪：下定决心，借这次评选的“东风”彻底解决爆管带来的水资源浪费问题，同时让节能之风真正在校内兴盛起来。“节能减排，咱们树德要把节水放在第一位！”谭主任笃定地说，“学校不同于其他大型车间工厂，我们能在设备上做出的改进有限。结合树德实际情况来看，解决水资源浪费问题是我们的当务之急。”很快，总务处牵头组建了校园节能减排工作小组，以节水为重心全面展开

节能减排工作。

正所谓“术业有专攻”，节能改造还须依靠专业的节能团队。经过招标比选，学校最终确定了成都某节能公司负责全校范围的节水改造。该公司主要经营环保设备、仪器仪表的研发与销售，管道工程检测技术服务和管道、设备安装，其主营范围十分符合学校设备改造的要求。经过专业团队的勘查评估，学校与节能公司达成了加强用水监管、分级监测的节能共识。很快，学校共计 43 个用水区都安装了二级水表，部分区域甚至装上了三级水表。“这样一来，我们发现用水异常点就方便多了。”负责设备维护和维修的技术员谢玉兴解释道。

除了积极响应爆管事件，学校也积极开展绿化带节水工作，采用喷灌技术，借助水泵和管道系统，利用自然水源的落差，把水喷到空中，使之散成小水滴或形成弥雾降落到绿化带和地面上进行灌溉。树德中学的厕所里也多了一样新鲜玩意儿——沟槽式节水控制器。它基于红外线感应技术，可以实现有人开启、无人关闭的效果，既能满足学生冲厕的卫生需求，又有突出的节水效果，是节水与卫生的最优化组合。

这一系列积极的节水举措，为树德中学带来了切切实实的节能效果：2019 年学校每月节约用水近 1000 立方米。

再擒擒从犯，用电随其后

解决了水耗这一“头号敌人”，学校立刻又盯住了电耗这个“从犯”。

覃伟老师在桌上铺开一张纸，仔仔细细地算了一笔账：“我们先来算算教室用电情况，从早上 7:30 到晚上 22:00，是 14.5 小时，咱们宁夏校区共 35 间教室，一天一间教室耗电大约 6.3 度，这一天下来得耗多少电？所以啊，这个电器开关时间必须控制好！”

行军作战最讲究“谋略”二字，为了打赢节能减排这场硬仗，树德中学排兵布阵，迅速拉起了一支由学校、教师、学生和保安共同组成的“精锐部队”。

学校作为指挥部，率先制订“作战方案”，为节能行动指明了方向：空调在冬季气温 15℃以下、夏季气温 28℃以上时才能开启，并且冬季空调设置温度不可高于 20℃，夏季空调设置温度不可低于 26℃；杜绝“白昼灯”“长明灯”，灯具全面使用 LED 灯；及时关闭电脑、传真机、打印机等办公设备电源，尽量减少待机时间……这一系列细致严格的规定给师生们的节能减排行动指明了方向。

有了“作战方案”，自然需要“将领”去监督执行。同其他班班主任一样，高二一班的刘维尧老师常常在同学们的休息时间到班监督，检查同学们随手关灯的情况。“总体来看，同学们的节能意识是很不错的！我每次到班检查，发现他们基本上都能做到人走灯熄，”刘老师表示，“其实，这也从侧面强化了我们老师节能意识。这既是监督学生的过程，也是教师自我监督的过程。”

当然，要打赢一场战役，“士兵”才是主力。提及节能环保，高一一班的刘杭西颇有感触：“虽然我们学生没有足够的技能和时间去开展很多节能减排的活动，或者设计一个更加环保的节能设施，但我们也有许多可以做到的小事。比如教室里自然光充足时，同学们都会相互提醒或者主动关灯。晚自习结束后，大家也会第一时间关闭电灯，做到人走灯熄。这些都在无形之中强化了我们的节能意识。”

指挥部“运筹帷幄”，前线将士“冲锋陷阵”，后方保障同样不可或缺。从事了多年校园安保工作的倪仁钦，兢兢业业地守护着校园用电安全。“这个就是我们的职责，巡查时不能漏掉任何一个在非工作时间工作的通电设备。”倪仁钦每天要对学校各个区域进行 7 ～ 8 次常规巡查，关闭不该开启的电源，早晚定时开启和关闭电饮水机，并在晚自习结束后进行一次校园全覆盖检查，以确保电器在无人的夜晚能好好“休息”。除此之外，电工谢玉兴表示，自己长住学校、随时在岗以应对各种突发事件。平时在学校，他也会时不时进行巡查，根据天气情况及时调整路灯、庭院灯的开关时间，及时修理故障电器以防用电浪费。

在节能减排的战场上，树德中学既有“精兵”也有“强将”，既有“前线”冲锋队，也有“后方”保障员。一个学校，一个响亮的号召；一位同学，一次尽心的随手关灯；一名教师，一趟尽职的到班检查；一位安保人员，一天辛勤的例行巡逻……所有成员都默默书写了树德中学独特的绿色理念。

军师功不没，教育是益友

迎战的决心与必胜的信念是克敌制胜的法宝。若为这场节能减排战役“论功行赏”，绿色教育功不可没。

“节能减排并不是我们2020年才开展的工作，在教学过程中，学校一直注重将节能减排理念融入学生的教育过程中。”谭忠友老师强调说。在树德中学，老师们经常有意识地在课堂上向同学们普及节能减排知识，传递绿色环保理念；校园内随处可见绿色小贴士，如“随手关灯”“及时关闭电脑电源”等；学校还定期举办环保主题的知识讲座、演讲比赛等，激发学生的节能环保意识。

学校曾邀请同济大学的高乃平教授为学生讲授建筑节能等前沿知识。高教授从城市建筑、能源和环境三个方面深刻剖析了当前中国在城市建筑领域存在的机遇与挑战，翔实的数据、生动的事例、深入浅出的讲解让学生们受益匪浅。这样的讲座不仅使同学们领悟到以物理、化学知识为代表的现代科技带给人类社会的重大影响，更深化了树德学子的责任意识和使命感，坚定了他们为环保事业贡献力量的决心。

课堂之内，节能减排的理念潜移默化地影响着同学们；课堂之外，大家也积极践行着节能理念。

每年世界无车日，树德中学骑行社的成员总会满怀激情地在校园内外进行义务宣传，鲜红的宣传标语上密密麻麻的签名记录了近百人对环保事业的支持与鼓励。有一年的“世界无车日”，高三年级的袁心一同学特意起了个大早,准备骑车上学。但他到了学校才发现，原来和他一样的同学不在少数——同班的 56 名同学中，竟有 40 人都选择骑车到学校。同学们从自身做起，一言一行都展现了树德学子对节能减排的高度重视。

每年植树节的植树活动也是树德中学的常规活动之一。2018 年 3 月 22 日，树德中学 3 位团员代表在校团委王璐书记、蒋诗瑶老师的带领下参加了由共青团成都市委员会、成都市青年联合会主办的共青林蓉城青年植树活动。此次植树活动以“汇聚青春力量，共建公园城市”为主题，由成都市青联委员、工人及大学生、中学生、小学生代表联合发出倡议，旨在宣扬绿色、低碳、环保的生活理念，倡导市民绿色出行、节约资源，共同为建设体现新发展理念的公园城市示范区贡献了一份青春力量。团员代表张家瑞同学在发言中表示：“灿烂的阳光下，大家团结在一起，种下茁壮的树苗。希望我们与这些树苗一样健康成长，最终成为参天大树。”

树德中学在节能减排的路上同“敌人”斗智斗勇，同“朋友”携手并进。他们组成了有着“校、师、生、安保”四层保障的防护墙，在全校师生心中构筑了永恒的蓝天白云梦，始终坚定地走在绿色环保路上。

育现代公民，节能先行

公共机构节能是目标，是任务，更是理念和行动。一所中学在节能减排上可以做什么，应该做什么？以“创天府名校，育现代公民”为办学目标的新津县华润初级中学，以自己扎实的工作给出了答案。在“重人本、强科研、抓质量、塑特色”理念的指导下，华润初级中学在深挖节能潜力的同时，号召同学们积极参与节能改造，从节能意识的引导和节能行为的规范两方面开展工作，效果显著。华润初级中学校长郑永红说：“一般的单位进行节能改造，只要达到节能的目的，实实在在节约了水和电就足够了，但是对于我们搞教育的人来说，做任何工作都不应该忘了学生，都不应该忘记教育。每天只是喊喊口号肯定是不行的，我们要让学生真真正正参与到节能中来，让节能意识深深扎根我们每个学生心中。”

集思广益出妙计，一丝不苟严执行

2017 年 9 月，成都市机关事务管理局下发文件，号召公共机构积极开展节能改造工作，争创节约型公共机构示范单位。收到开展节能改造工作的通知后，郑永红校长非常兴奋："学校要发展，节能肯定是必不可少的组成部分。节能也是我们开展多样化教育的一个良好契机，我认为对于一个学校而言，节能不仅在于节能行为的引导，更在于节能观念的熏陶。"不敢有片刻耽搁，他立即着手准备，召集几位副校长和主任开会研讨，结合学校能耗现状，共同制订了节能减排初步方案。

想法是有了，怎么实施却让郑校长犯了难，给学生讲课难不倒他，但要说怎么节能，可就真难倒这个门外汉了。于是，他专门找到新津县机关事务服务中心后勤服务科张建科长寻求帮助。热心的张科长不仅推荐郑校长参加新津县机关事务服务中心举办的节能减排工作培训会，更是把节能专家请到华润初级中学进行悉心指导。在张科长的热心相助下，郑校长对如何开展学校节能工作逐渐有了规划。

经过比选，郑校长选择委托成都某科技有限公司对华润初级中学 2017 年度能源消

耗情况进行审计。“我专门去了解了很多公司，也咨询过很多专家的意见，最终还是觉得这家公司经验比较丰富，实施过的成功案例多。”经过能源审计，该公司分别从管理、技术、宣传方面提出了很多专业指导意见。管理方面，建议学校加强节能基础管理和设备基础管理工作；技术方面，一是建议学校推行绿色照明，对日光灯进行改造，二是建议学校建设节能监管平台，实行能源消费计量制度；宣传方面，建议继续加强节能宣传力度，动员全体师生共同参与。

经过专家的指导，华润初级中学迅速制定了从制度建设、路灯智能控制及 LED 灯改造、水平衡测试、太阳能路灯安装、太阳能热水器安装、节水龙头安装、空调制冷剂更换等七个方面进行改造升级的详细工作计划。

为了推进节能改造工作，学校在管理制度方面也下足了功夫：成立了以校长为第一责任人的节能改造工作领导小组，并由总务处具体负责领导小组的日常工作，承担节能管理各项任务，统筹、协调、推进学校各项节能工作，确保节能工作顺利实施。

方方面面显细心，点滴之处见用心

就这样，改造工作如火如荼地开展起来。学校首先改造的是校园内随处可见的照明灯具。2018 年 4 月，华润初级中学投资 21.7 万元，将学校教师办公室、教室、食堂、图书室、实验室等功能室、走廊过道等公共区域的灯具全部更换为 LED 灯具，学校严格执行成都市、新津县相关文件要求，采购获得国家节能补贴的高效照明产品，使其使用率达到了 100%。

硬件更新升级完毕，学校还能做些什么呢？郑校长苦思冥想了数日，也没有新的点子。一筹莫展之际，几个学生课间的争执却给了他新的灵感。那是一个晴朗的夏日上午，阳光十分充足，靠窗的同学认为应该关闭照明灯，节约用电，靠墙的同学却觉得关灯后光线较为昏暗，影响学习，因而发生了争执。这件偶然发生的小事给了郑校长启发，他开始着手对照明灯源进行合理化改造：根据各楼层实际情况，充分利用自然采光，精确调整电灯控制方案，在保障日常工作照明的同时尽可能地节约用电。改造完成后，同学

们纷纷竖起了大拇指："以前冬天黑得早，我总是看不见黑板，现在电灯可以分区控制，实在方便太多了！"在公共区域照明方面，华润初级中学采用分时分区控制，还在楼梯间采用红外感应等智能控制设备，并严格控制室外景观照明使用时间，最大程度地减少用电浪费。除此之外，华润初级中学还新安装了一批太阳能路灯，在可再生能源利用方面做出了自己的贡献。

在节约水资源方面，华润初级中学于 2018 年 5 月进行了水平衡测试，以便为其后制订用水定额和计划用水量指标提供较准确的基础数据。不测不知道，这一测还真发现了问题：前段时间学校的用水量突然增加了不少，但细心负责的郑校长来来回回检查了几遍也没有发现明显的漏水点，经过这次水平衡测试才发现，问题出在校外一段输水管路上，水量的突增是来往车辆压破老旧管路引起漏水导致的。借着节能改造契机，学校安装了用水引入管计量总表，在各楼安装了引入管计量水表，在食堂、锅炉房等特殊用水部位也安装了计量水表，并实行能耗分班、分办公室、分楼栋计量。学校总务处还负责对供水系统进行定期巡检和情况记录。具体做法包括每月核对分表抄数与总表抄数，随时掌控用水量并迅速定位异常区域，不仅如此，学校还进行了节水器具改良，节水型器具的使用率高达 100%。

多措并举，全面推进，经过领导小组的不懈努力，华润初级中学节能改造成效显著。2017 年学校人均水耗 16.96 吨，相比 2016 年人均水耗 43.72 吨呈下降趋势，降幅达 61.21%；人均电耗 196.36 千瓦·时，相比 2016 年人均电耗 219.33 千瓦·时呈下降趋势，降幅达 10.5%。

课上课下齐着手，节能意识代代传

重视学生人文教育的华润初级中学历来有开展节能教育的传统，校门口的宣传橱窗里，宣传画活动照挨挨挤挤贴了满墙；升旗仪式上，系着红领巾的孩子站在鲜艳的国旗下认真地分享他的节能发明；节水知识竞赛上，同学们的小手举得老高，生怕答题的机会被抢了去；课外活动中，同学们纷纷变身节能大使，自制节能教育宣传资料分发给市民。同学们纷纷表示："之前很多事都是爸爸妈妈教我应该怎么做，现在，在节能方面我才是权威！这种感觉真好！”

丰富多彩的课外活动只是华润初级中学节能教育的一个方面，学校课堂上也少不了节能教育的环节。华润初级中学自2011年起就参与了“中英气候课堂项目”，学校已将能源节约等相关内容纳入生物、地理等科目的课程教育之中，真正做到了把节能教育贯穿学生教育全过程。一节地理课上，老师拿出风力发电模型，认真地向同学们介绍相关知识，当听到风能可有效替代煤或矿物燃料时，同学们都吃惊地瞪大了眼，忍不住问：“老师，既然风力发电这么节能又环保，那我们新津为什么不建一个风力发电站呢？”老师笑了笑，耐心回答道：“风力发电站必须建在风力资源丰富的地方，这张图标明了我国风力资源的分布情况，大家从图上可以看出我们这里是不适合发展风力发电的。但我们四川地区水资源比较丰富，水力发电也是非常棒的节能方法。”同学们听了频频点头，兴高采烈地讨论起来。郑校长说：“我们设计这样的授课内容和形式就是想通过节能教育课，使同学们真正意识到节能是生活的一部分，节能与每个人息息相关。”

华润初级中学对学生的节能教育十分注重细节。学校每个电灯开关上都贴有一张精美的贴纸，上面印有“随手关灯”的温馨提示；为了给学生们树立榜样，教师办公全部采用可替换笔芯和可再生铅笔，对于对纸张要求不是很高的文件均采用再生纸进行打印，教师和学生一起制定用能守则、节能减排公约等制度，规定生活委员定时开关电灯，使节能成为一种行为习惯……

通过方方面面的节能改造，华润初级中学不仅成功创建了市级节约型公共机构示范单位，还吸引了许多单位前来参观学习，赢得了“华润初级中学的节能改造，成功就成功在他们以学生为本的理念上”的高度评价。

如今，已然成为节能标兵的华润初级中学校园内充满了浓厚的书香气息，碧草含着新绿，桂花吐着芬芳。但要论学校最大的成绩、最亮丽的风景，还要数充满朝气，有着随手关灯、厉行节能环保理念，终将成为社会栋梁的孩子们。

护航景区千年青山绿水

“拜水都江堰，问道青城山。”作为国家级 AAAAA 景区，都江堰无疑是四川的一张名片。春有百花待赏，夏有森林避暑，秋有金黄银杏，冬有冰雪温泉。面对络绎不绝的游客，都江堰也从来不吝惜展示自己的美：山水若一的都江堰水利工程、钟灵毓秀的青城山、香火袅娜的普照寺、古色古香的灌县古城……随着游客量的快速增长，“能源浪费”“技术难题”“群众缺乏节能意识”等问题也日渐突出，给景区的发展及环境都造成了巨大的压力。面对诸多难题，都江堰景区管理局选择迎难而上，以“四大转变”提升节能实效，走出了属于自己的节能特色路。

从“多票化”到“无纸化”，节能成效大

都江堰景区的清晨，是在青烟朦胧中开始的。清晨七八点，这里就已经开始准备迎接早到的客人们。娇艳欲滴的鲜花，葱茏森然的绿植，在熹微的晨光中显得生机勃勃。在接下来的时间里，将会有数不胜数的游客从远方而来，只为一睹它的风采。

每当遇到节假日，特别是暑假、国庆节、春节等旅游高峰期，这一派祥和安逸的景象就会被很快打破：在景区门口，游客们一大早便会排起长长的队伍，好不容易取到了一处景点的门票，到下一个景点时又需重新排队取票。这样的取票方式不仅极大地浪费了游客的时间，还给景区环境及资源造成了极大的负担。如何减少门票带来的纸质污染，成为都江堰景区管理局一直亟待解决的难题。从“多票化”到“无纸化”，这便是都江堰景区管理局给出的答案。

2019年5月，景区对票务系统进行了一系列的升级改造，开始全面启用实名电子门票；而且除了开通网上实名预约购票业务外，还新增加了人像自助售票、身份证自助售票、微信（支付宝）扫码购、无介质入园等多元化售票方式。游客们不再需要排长长的队伍购票，也不需要在每次参观不同的景点时重新购票，只需要用手机或身份证轻轻一扫，即可入园。“以前每次出来旅游最烦的就是买票，不仅得起一大早排队，换个景点还得重新排队买票，游玩的时间大多都花费在排队买票上了。现在就很方便，不管是微信还是支付宝，你只要购买一次就可以游遍整个景区。”游客孙女士高兴地说道。

刷脸游景区的新方式也备受好评。顾名思义，刷脸游景区的游客购票成功后，无需出示身份证或者门票便可通过人脸识别通道迅速进入景区，节约了游客大量时间，真正实现了“全程无纸化，畅通走天下”的目标。

尽管每个转变都会遇到意想不到的困难，景区从“多票化”到“无纸化”的转变也耗费了工作人员大量的时间和精力，但它所带来的效果也是显著的：票务系统自2019年5月上线以来经历了五一小长假、端午小长假、中秋小长假、十一黄金周等一系列旅游高峰期，顺利完成了500万人次以上的无纸化售检票工作，其中仅实名制购票游客就达85万人次，为景区节约纸质门票费用共约20万元。同时，全新票务系统高效、便捷、智能化的显著特征在旅游高峰期大大降低了景区票务人力成本，为景区建设智慧节能景区、绿色环保景区提供了极大帮助。到目前为止，景区的信息化水平已迈入全国旅游行业“智慧景区建设”先进行列，荣获“国家旅游局智慧景区最佳示范奖”“住建部智慧景区示范基地”等殊荣。

“无纸化”在环保方面也有突出作用，门票的纸质材料大多由原木纸浆、非木材浆、再生废纸浆制造，减少纸张使用可以避免资源浪费。此外，造纸过程中会产生大量污泥、污水，“无纸化”从源头上减少了原材料制造业带来的污染，环保效益显著。

从“碎片化”到“整体化”，细节见高下

节能环保工作的开展不是一朝一夕的事情，景区资源浪费问题也是多种因素综合作用的结果。为了做好节能减排工作，景区努力从小处抓起，解决资源浪费问题。从离堆公园进入都江堰，景区的独特魅力便呈现在眼前：翠竹掩映，曲径通幽，奇珍异树，满目苍翠。园中造型各异的艺术盆景，处处摆放的鲜花，让行走在路上的游人兴趣盎然，竞相拍照。景区里的设施好似没有什么特别之处，但细细看来却别具匠心。景区还对入口处的闸机进行了硬件升级，闸机由以前的三闸升级为翼闸，不仅提高了通行速度，还可通过小型行李箱等物品（拖行方式），检票速度也从以前的 3 秒 / 人提升到 200 毫秒 / 人，大大提升了游客的入园速度。

办公区及景区的路灯也进行了改造，先前的白炽灯和节能灯已经被逐步替换成更节能的 LED 灯。不要小瞧这区区几个字的不同：普通 60 瓦白炽灯 17 小时耗 1 度电，同等亮度节能灯 100 小时耗 1 度电，而同等亮度 LED 灯 300 小时耗 1 度电，节能效果差别很大；此外，LED 灯还具有诸多其他优点，如不怕震动、不易破碎，使用寿命可达 50000 小时，约为普通白炽灯的 50 倍，普通节能灯的 6 倍。LED 光线不含紫外线和红外线，不产生辐射，不含汞和氙等有害元素，利于回收，不会产生电磁干扰等。

景区的水龙头也悄然进行了更新，感应式水龙头不仅节水，而且卫生，无需人体直接接触，可有效防止细菌交叉感染，具有伸手就来水，离开就关闭的功能，从而有效地节约用水 30% 以上。同时景区还对卫生间进行了控水改造，新安装的水箱式冲水器采用单端冲水方式，在人体离开感应范围 4 秒后自动冲水 7 秒，更有效避免了水资源浪费。

“垃圾是放错地方的宝贝”“践行垃圾分类，守护青山碧水”“垃圾分一分，景区颜值美十分”……在都江堰景区，有关垃圾分类的标语随处可见，原本摆放在路边的普通垃圾桶也悄然更新为分类垃圾桶。近年来，“垃圾分类与干湿分离”逐渐走入人们的视野，并在各个城市得以实施。作为全国闻名的 AAAAA 景区，不甘人后，不断完善基础设施，在多个点位设置了规范的分类垃圾桶，以“四分法”（可回收物、有害垃圾、厨余垃圾、其他垃圾四类）对生活垃圾进行分类。不仅如此，都江堰景区的志愿者和工作人员还在景点各处张贴垃圾分类小贴士，营造人人参与景区垃圾分类的良好氛围。此外，景区还对保洁人员和商铺经营者也进行了专业的垃圾分类培训，群策群力做好景区的垃圾分类工作。

在都江堰景区，各种嵌入节能环保理念的小细节比比皆是，这些细微的变化不仅使景区更好地应对游客量的快速增长，还让景区的节能工作从一个点扩展到一个面，继而又扩展到整个景区的方方面面，实现从“碎片化”到“整体化”的质变。

从“复杂化”到“简单化”，环保有方法

“绿水青山就是金山银山。”随着人们对节能减排的日益重视，“环保酒店”这一概念也应运而生。环保酒店是指以可持续发展为理念，将环境管理融入酒店经营管理之中，坚持绿色管理和清洁生产，倡导保护生态环境和合理使用资源的酒店。在都江堰景区附近就有着这样一家极具环保气息的精品酒店，它以“亦耕亦读、自然乐活”为办店宗旨，大力支持传统手工艺，关注周边环境保护，在为游客们提供优质休憩的同时，传递节能理念的生活理念，它的名字叫“青城书房”。

走进青城书房，就像进入了一处宁静的世外桃源。隐藏在青砖、竹林、清水之间的木门，挂着“青城书房”招牌的石质围墙，探身出墙的翠绿树影，都会让人感觉到这里独特的自然气息。设计师抛弃了繁杂的设计元素，在最大保留原生植物的基础上，充分利用当地环保材料，精妙地将各种独具匠心的设计镶嵌在这片青山绿水中，让人推窗即可望山见水，彻底投入大自然的怀抱。

青城书房倡导环境保护和绿色行动，房间里从不用塑料袋，垃圾桶脏了，工作人员就动手自己刷。每日新煮的白开水替代了塑料瓶装饮用水。最有特色的做法当数用含天然植物萃取精华的洗浴品替代了含化学制剂的洗护用品，如原粮萃取加工的糯米浆养发洗发水、护发素，乳木果米糠冷皂和茶籽粉、无患子皂液制成的洗剂，均不含人工硅化物和石油化工成分。除此之外，酒店有自己的菜园，每日早餐提供的豆浆、粥、包子、馒头都是手工制作，饮品和主食均采用酒店在位于宁夏的自有农场中以自然农法耕种的转基因品种的大米、糯米、糙米、枸杞等制成，在种植过程中完全不使用化学肥料、农药、除草剂，并已通过国际权威第三方检测机构“瑞士 SGS”的检测。

绿色节能环保不仅仅是口号，也可以成为一个行业的潮流，带动一种全新的生活方式。青城书房并不是个案，当节能环保成为时代新风尚，景区附近众多酒店都加快了改革的脚步，从材料选择、污水处理、温度调节、照明采光等方面实现低碳环保。他们借山借水，对自然节能环保条件加以充分利用，倡导游客减少使用一次性物品……一些走在实践节能环保理念前沿的酒店甚至不再给客人提供一次性用品，如牙刷、梳子等。酒店提供的一次性个人洗护产品，尽管便利了客人，但同时也会产生大量无法降解的垃圾，从而产生环境问题。在都江堰景区，经大力提倡，各大酒店均自觉优先采购可以节能、节水、循环利用和再生资源利用的酒店用品。

从“个体化”到“全民化”，理念带回家

汹涌的岷江水奔涌至都江堰，开始放慢脚步，古代先民用智慧造就的鱼嘴、宝瓶口、飞沙堰等，通过自动分流、排沙、泄洪构成了一幅人与自然和谐共生的画卷……“都江堰在初建时期就有了因势利导、循环利用资源的意识，我们怎能不传承先人留给我们的精神财富，将节能环保工作持之以恒地做下去？但要真正做好这项工作，离不开大家的支持和参与。只有每一个都江堰人都积极行动起来，从点滴做起，从现在做起，我们的家园才能更加生态、和谐、美好。”景区办公室工作人员蒲娟老师说。为了进一步做好景区节能环保工作，向群众传递节能环保理念，都江堰景区做了大量扎实的工作。

2017年8月13日，借“世界行走日”之契机，都江堰景区联合众多机构开展“绿色出行”节能活动。在羽毛球世界冠军谢中博的带领下，3000余名参与者用万步行走的方式号召更多群众用“节能减排、绿色出行”的生活方式还原巴山蜀水之绿。尽管活动当天正值盛夏，但被青山绿水环抱的都江堰景区就像一个“天然氧吧”，令参加活动的人神清气爽。“我家就住在景区附近，除了这次万步行走，我也经常参加景区组织的其他活动，从中学到了很多节能环保知识，地球是我们大家的，我们都要爱护她。”这是一位参与者在万步行走终点处的反馈板上留下的话。

让当地群众和游客将节能理念带回家，并非一朝一夕可以完成的事情。都江堰景区管理局加大景区节能宣传力度，向游客们普及生态文明、绿色低碳、循环发展的理念和知识：在景区售票窗口通过LED屏滚动播放“能源来自大自然、节能保护大自然”等节能标语，在景区食堂和厕所分别张贴“依法管水、科学用水、自觉节水”等节约用水标语；借全国节能宣传周、中国水周等时机，在景区宣传“节水”“节能”“生态文明”“垃圾分类维护环境”等理念；景区导游还聘请了兼职环保宣传员，积极向游客发放宣传单，宣传生态文明、绿色发展思想……

“我们是真的为都江堰骄傲，真心愿意去保护它、让它变得更好。第一次去都江堰旅游，只觉得它是个AAAAA景区，久闻其名，值得一去，想法就是这么简单。而等到真正来到了这里，我发自内心地想珍惜它、保护它。我们不能坐享其成，一味索取，要想着如何去保护它、维护它，让它更持久地发挥作用。”大学生志愿者郭霞表示。

时光流转2000余年，与都江堰兴建时间大致相同的古埃及和古巴比仑的灌溉系统，以及中国陕西的郑国渠和广西的灵渠，都随着时间的推移而消失、废弃或失去原有功能。唯有秉承因势利导、循环利用思想的都江堰，依旧坚守在岷江之上，滋润着天府之国的万顷良田……

垃圾分类篇

Waste Sorting

“垃圾是放错地方的资源。”进行垃圾分类，变废为宝，是生态文明建设倡导绿色循环、低碳生活的重要内容。近年来，成都市积极开展形式多样的垃圾分类宣传教育活动，切实落实垃圾分类行动，引导公众树立垃圾分类意识，培养垃圾分类习惯，让广大人民群众成为垃圾分类的参与者、践行者。

履精神文明建设之约，行美丽乡村战旗之路

2018 年春节，习近平总书记的到来使得郫都区战旗村比往年更加热闹祥和。村民们聚在村里的春节一条街上照全家福，写春联，做汤圆，其乐融融。看到习近平总书记，大家纷纷围拢上来，向总书记问好。习总书记殷切地对乡亲们说，在实现了温饱，实现了全面小康以后，我们还要继续振兴乡村——不单是物质文明，精神文明、文化生活也要搞好！唐昌街道办事处牢记习近平总书记的嘱托，在战旗村深入开展生活垃圾分类工作，通过引进生活垃圾智慧居家馆等举措，实现了生活垃圾减量化、无害化、资源化。截至 2019 年 12 月，战旗村 534 户居民已全部办理了垃圾回收积分卡，智慧垃圾分类已经由构想变成了现实。

备受鼓舞，坚定绿色发展之路

唐昌街道办事处下辖的战旗村在 20 世纪 70 年代是省、地、县农业学大寨的先进村。党的十一届三中全会以后，战旗村认真落实中央会议精神，以经济建设为中心，在全县率先办起了集体企业。在其后多年的发展过程中，战旗村不断优化改变经营项目，大力增加农民收入，成为远近闻名的富裕村。2018 年，战旗村由农业农村部推介为中国美丽休闲乡村；2019 年 3 月，战旗村景区被评定为国家 AAAA 级旅游景区。平日里，“乡村十八坊”总是热闹非凡，游客们在这条古色古香的“宝藏街”品尝郫县豆瓣，感受蜀绣、竹编等川西非物质文化风韵。在唐昌布鞋非物质文化遗产传承人赖淑芳的布鞋坊里，老艺人秉持匠心，一针一线用古老的传统手艺展示唐昌布鞋文化，常引得外地朋友们纷纷前来访问观摩。郫县豆瓣博物馆飘来的豆瓣香令人垂涎欲滴，游客们兴致勃勃地尝试亲手制作郫县豆瓣，并兴奋地试吃豆瓣创新产品。

2018 年 2 月 12 日，习近平总书记考察战旗村，走进“精彩战旗”特色产业在线服务大厅，仔细观看了“互联网 + 共享农业”互动种养平台，肯定了战旗村的乡村振兴工作。他说，火车跑得快，全靠车头带，战旗村要把乡村振兴这件事做好，继续走在前列。近几年来，战旗村致力于建设社会主义新农村，大力发展乡村经济，但环境污染问题也随之而来。“就拿我们修房来说，每次都会产生不少建筑垃圾，村民务农也会产生不少农业垃圾。久而久之，我们发现村里垃圾量惊人，也意识到了环境污染确实是个问题。”战旗村党总支副书记朱建勇说道。

更为严重的是，随着村里旅游经济的发展，来战旗村参观、学习和旅游的人越来越多，这既拉动了村里产业发展，也使得村里的垃圾问题更加凸显。“这么多人特意来战旗村参观学习，结果发现这里环境不好，那多不像话呀！我们就想，战旗村只是经济发展好了还不行，环境治理也要好，村民素质也要高！”战旗村党支部下定决心落实习总书记讲话精神，不仅引领战旗村经济发展，也要保护战旗村的绿水青山。要完成这一目标，战旗村将工作重点放在了垃圾分类工作上。战旗村党支部深知，抓住垃圾分类这个“牛鼻子”，美化村环境就有了清晰可见的抓手。

从零开始，开展“一对五”分类引导

战旗村此前并没有垃圾分类的经验，全民践行垃圾分类，究竟该如何做呢？朱建勇介绍说：“具体如何做，一开始我们都不知道，只能由干部先去考察学习，看看其他做得好的地方是如何实践的。”唐昌街道办事处组织战旗村党员干部们一方面在网上搜查资料，学习垃圾分类知识，借鉴各地先进案例，了解先进地区已经在实行的垃圾分类积分制度。另一方面，又组织战旗村村干部外出学习，现场考察垃圾分类管理。村党支部曾来到双流的一个村，发现当地整治院落的办法十分有效。这里将全村分成几个大组，将每个大组再细分为小组，最后将任务拆分落实到户，并确定相应人员负责每个星期或每个月的例行检查。“我们觉得这种分层级的管理办法很适合推行，但必须发挥党员干部的引领作用，其带动全村每家每户。”

说干就干。唐昌街道办事处指导战旗村引入院落整治的层级管理办法，由相对了解垃

圾分类的干部分组引导村民进行垃圾分类，此过程中采用“一对五”少数带动多数的工作方式。作为党总支副书记，朱建勇处处以身作则，不仅在家里引导孩子如何垃圾分类，也时常走访街坊邻居，今天带着《郫都区家庭生活垃圾分类指引》宣传册去王大爷家讲解为什么要垃圾分类，明天拎着可回收物、有害垃圾桶去李大姐家普及垃圾分类知识。

晓之以理，普及垃圾分类理念

“平时爱护环境，不乱扔垃圾不就好了吗，为什么还要放几个垃圾桶专门搞垃圾分类呢？这样太麻烦了……”村民们的质疑声随之而来。全村几百户居民，此前很少接触环保概念，要推行垃圾分类谈何容易？朱建勇解释道：“一开始推行垃圾分类，最困难之处在于村民们内心深处的不理解。老百姓不理解为什么非得要做垃圾分类，这不是平添麻烦吗？”

冰冻三尺非一日之寒。环保理念并非空喊口号就能深入人心。战旗村干部们深知，让村民们真正理解垃圾分类的意义，才是做好全村垃圾分类工作的关键。因此，唐昌街道办事处帮助战旗村联系社区相关机构，专门为战旗村举办了一系列科普培训和知识讲座。唐昌街道办事处、战旗村的党员干部也齐上阵。2019 年 4 月，战旗村微党校组织儿童及家庭素养提升班的孩子们进行了“垃圾分类、从我做起”系列科普培训。讲解人员一连上了好几堂课，向孩子们普及垃圾分类的四大种类和分类标准，还准备了种种生活物品，让孩子们认真判断其分别属于哪种垃圾。

“当时我们还写了《致战旗村全体村民的公开信》，挨家挨户去讲我们为何要进行垃圾分类，倡导全村一起行动。”朱建勇补充道。上门宣传有时也会遇到一些不耐烦的村民，遇到这种情况干部们就得耐心地多次规劝，不厌其烦地多往“重点保护对象”家里跑。“我会跟他们说，大家要齐心协力改善居住环境——环境好了，大家住得舒服，身体也健康，难道不好吗？我也找来一些分类做得不错的邻居一起引导。”靠着战旗村党员干部和一些积极村民一对一、面对面的引导，垃圾分类理念在潜移默化之中深入人心。

垃圾分类是对垃圾收集处置传统方式的改革，是对垃圾进行有效处置的一种科学管理方法。垃圾可分为厨余垃圾、可回收物、有害垃圾、其他垃圾四大类。垃圾在分类后被送到工厂而不是填埋场，既可以减少土地侵蚀，又避免了填埋或焚烧所产生的污染，还可以变废为宝，实现资源有效利用，同时减少垃圾处理量和处理设备数量，降低处理成本，具有社会、经济、生态三方面的效益。

智慧管理，提升垃圾分类质量

环保理念有了，垃圾分类的实践有了，如何将工作做好做细，成了战旗村下一个需要思考的问题。2018 年 8 月，战旗村在唐昌镇街道办的支持下引进某节能环保公司的智慧居家馆作为可回收物和有害垃圾收集点，并通过其实现了垃圾回收、计量、用户注册、系统积分等功能。与此前挨家挨户宣传的实施方式相比，智慧居家馆的投入使用使得垃圾分类的推行更有序高效，也能更好地处理终端问题。

智慧居家馆工作人员汪友芳介绍道：“这个积分卡的功能跟我们的银行卡类似，当村民带上可回收物和有害垃圾到居家馆，并经过工作人员计量回收后，便会有相应的积分返到村民的卡内。积分是可以兑换商品的。”换句话说，村民的积分卡账户相当于一个垃圾回收数据库，所有垃圾回收数据都会实时上传系统，实现了真正意义上的“互联网 + 垃圾分类”。

但令工作人员头疼的是，当落实到行动上时，村民们却时常错漏百出，带到智慧居家馆的垃圾并没有按标准分类。村民们总是打包一大包垃圾拉到居家馆，将有害垃圾和可回收物装在同一个袋子里。遇到这种情况，工作人员只能进行二次分类，工作量大大增加。战旗村干部们明白，自 2017 年始，村里便倡导垃圾分类，对于村民来说垃圾分类本身并不陌生，但智慧居家馆采用的是一套全新的回收体系，分类要求更科学，也更细致。这就需要村干部们花大力气做更多的引导工作。

“我们联系了垃圾分类专业人员进行现场指导，他们带领战旗村村民们走进垃圾分类智慧居家馆，现场演示如何进行垃圾分类与回收。他们也会走进社区，做垃圾分类现场示范，让大家在实践中学会分类。”朱建勇补充道。村党支也在积极行动，通过设在便民服务中心的广播室不定时广播具体分类操作方法，通过村民微信群普及垃圾分类知识和操作方法，并将其编辑成简单图示发送至村民手机，帮助大家养成的分类习惯。

与此同时，战旗村还在不断完善垃圾回收积分模式，将积分兑换商品这一规则更改为积分可直接兑换现金。这一细微调整极大地调动了村民的积极性，每天到居家馆投放垃圾的居民明显增多。尽管仍存在少数垃圾分类混乱的情况，但通过工作人员日复一日手把手示范，党员干部挨家挨户悉心引导，村民们垃圾分类的热情和准确度大大提升。

如今战旗村534户村民已经完全适应了这一套生活垃圾智慧居家馆科学分类体系，垃圾分类回收工作开展得越来越顺利。自2018年8月智慧居家馆投入使用，此后几个月回收垃圾约6650公斤，2019年回收垃圾约43494公斤。此外，餐厨垃圾和社区有机垃圾，如树叶、农业垃圾、生活有机垃圾等，由社区统一收集转运至配套的垃圾分类场，转化为有机肥，实现再循环利用。据了解，战旗村每人每天会产生餐厨垃圾0.5～1公斤，每人每天产生生活有机垃圾2～3公斤，均通过村内的垃圾分类场转化处理为有机肥。“对大部分垃圾，我们通过智慧居家馆进行回收、外运；对餐厨和有机垃圾我们则内部消化，垃圾分类的践行极大地减少了社区垃圾的外运量。”

“以前社区时不时会出现下水道堵塞之类的问题，但这两年垃圾处理更规范了，这些基础设施的问题也出现得少了，整个社区环境整洁有序，我们自己也住得舒服、安心。”村民汪友芳满意地说。战旗村下一步打算建设垃圾分类示范田，即在分类场外规划几块土地，直接在地里实现垃圾循环利用，使垃圾分类成效更加直观可见。

作为中国美丽休闲乡村之一，战旗村始终牢记习总书记殷切嘱托，一点一滴地履行着属于自己的精神文明建设使命，坚定不移地走出一条自己的绿色战旗之路。正是因为每一位战旗人的努力，这片青山绿水更显美丽，这个名为“战旗”的村庄更加闪耀迷人。

节能减排新动能

一台旧电脑、一部坏手机、一支废弃灯管……这些看似毫无用处的电子产品，经过无害化处理和再生资源化，便能从人们眼中的“垃圾”变成“宝贝”，发挥新的价值和作用。通过资源循环利用，节能减排大有可为。

节能创建，环保产业欣欣向荣

金堂县的淮州新城有一条著名的“节能大道”，它因这里的节能环保产业园而得名。节能环保产业园聚集着上百家节能环保企业，形成了强大的节能产业合力，彰显着金堂县的绿色发展之道。

近年来，金堂县深入实施“工业强县”战略，以节能环保主导产业定位，紧抓国家支持节能环保新兴产业的机遇，重点发展节能环保装备制造、节能环保产品生产、资源循环利用和节能环保服务业四个领域产业，取得了突出成效。其中位于金堂县淮口镇的成都节能环保产业园不仅是一处新兴产业园区，更是金堂县节能减排的一块金字招牌。

成都节能环保产业园是根据成都市经济和信息化委员会、金堂县人民政府《关于印发〈成都节能环保产业基地产业发展规划（2011—2015）〉的通知（成经信发〔2012〕8号）》设立的产业园区，其发展目标是建设节能环保与低碳生活小区，打造“产城一体、宜居宜业”的国家级节能环保产业示范基地。其空间布局由“一基地”——成都市节能环保产业基地，“三版块”——节能环保设备制造版块、节能环保产品制造版块和资源综合利用版块，“两中心”——节能环保配套服务中心和节能环保研发中心构成。

结合工业发展现状和园区发展规划，金堂县决定将节能环保产品制造版块和资源综合利用版块作为整个成都节能环保产业园重点版块加以规划建设。其中节能环保产品制造版块重点发展节能照明产品、噪声控制材料、环保专用材料、汽车零部件加工及再制造、新型建材产品等；资源综合利用版块重点发展再生资源回收利用、城乡垃圾处理、危险废弃物处理、“三废”综合利用等。

产业园自建成之初，就将科技创新作为转变发展方式、实现园区产业增值的根本推动力，坚持走科技含量高、经济效益好、资源消耗低、环境污染少、人力资源利用高的新型工业化道路，节能环保新兴企业在园区内蓬勃发展，欣欣向荣。

变废为宝，循环经济互利共赢

这座节能环保产业园入驻有数家发展循环经济的企业，得天独厚的产业优势自然不能浪费。依托良好的节能环保产业基础，金堂县的节能减排工作找到了新的突破口。四川某节能技术公司具有处置废旧电子电器设备以及其他危废产品的专业资质和丰富经验，也长期致力于将公司打造成为西部乃至全国的循环经济示范基地，这与金堂县节能减排的发展愿景不谋而合。双方一拍即合，拉开了政企合作，促进资源循环利用的序幕。

在资源循环利用工作中，公共机构示范作用好，影响人，这注定其不仅仅是资源循环利用的倡导者、管理者，也是身体力行的先行者、示范者，必须在能源节约和废弃物合理处置方面为社会公众做好表率。“与老百姓生活中可以随时买卖的废品不同，公共机构产生的废弃物具有较强的涉密性。因此，在具有专业资质的处理机构给予回收之前，公共机构的废弃物会随着时间推移越积越多。这对本来就紧缺的办公空间而言，不仅是负担，也容易造成安全隐患。”金堂县机关事务服务中心工作人员伍静说。

如何更好地处理涉密性废弃物一直让金堂县机关事务服务中心十分为难，但与该节能技术公司达成合作之后，这些特殊的办公废品便有了“出路”。

一个惠风和畅的午后，一辆带有“回收循环”标识的卡车停靠在金堂县政府第一集中办公区门前。节能技术公司工作人员用了一个多小时，将一批装满废旧办公用品的编织袋陆续装车。这些废旧物品是办公区堆积了大半年的废弃物资，它们将被运送到节能技术公司进行无害化处理以及资源化利用，实现“变废为宝”。公司市场部何经理介绍说：“我们会将公共机构淘汰的空调、电脑、手机等电器电子产品拆解成部件，然后根据不同部件的特性进行无害化处理，最后将可利用部分再生资源化，实现资源

价值最大化。”

处理程序听起来复杂，却是电器电子废弃物处理的必要流程。由于电子废弃物成分十分复杂，不同类型的电子废弃物含有不同的污染物，例如荧光屏中含有荧光粉、含铅玻璃，线路板中含大量铜、铁等重金属，液晶面板中含有铟，如果处理不当，极易对环境造成污染，也会对人体造成危害。

在日常的回收过程中，普通商贩大多只是简单拆解电子电器废弃物，将其中的铜、铁等值钱的部件卖掉，把剩下的废弃物直接扔掉。这样做虽然简单便捷，却会造成严重的环境污染。而专业的回收公司则会使用特殊的设备进行渠道回收、热塑处理，避免对地下水和土壤造成污染，提炼出的金属也可进行二次利用。“我们会对电子电器产品进行绿色、规范的拆解、处置，再提炼出其中的重金属、贵金属以及其他原料，比如石墨粉，将其作为我们新产品的原材料。”何经理解释说。

自 2015 年起，在《金堂县公共机构废弃电器电子产品环保处置服务协议》的推动下，金堂县公共机构积极推进废旧电器电子产品处理工作，累计回收处理废旧电器

500余套，电池30多公斤，灯管1800余支，文件废纸、党政机关废旧电脑等涉密载体20余吨。

绿色发展，环保教育深入人心

除了在公共机构废旧电器电子设备的处理上展开合作，金堂县机关事务服务中心还联合节能公司打造节能环保教育示范基地。每年世界地球日（4月22日）与世界环境日（6月5日），金堂县机关事务服务中心都会组织部分学校学生到该公司实地参观学习。

走进公司的展示大厅，最先进入视线的便是大厅中央那颗蓝色星球模型，旁边墙上是世界大陆的平面图，以及“打造循环经济 促进生态和谐”的醒目标语。这些既表达了人类对于绿色生态居住环境的美好向往，又有力彰显了企业的绿色发展理念。同学们仔细聆听企业特派讲解员对绿色环保知识的讲解。

这些深入浅出的讲解可以让同学们加深对环境的认识，特别是对废弃场处理的认识。同学们从中学到：废旧家用电器中主要含有铅、镉、汞等六种有害物质，如果不妥善处理，会产生极大的危害。一台电脑显示器中的铅含量平均达1公斤以上，而铅元素会对人的神经、血液系统和肾脏造成破坏。电脑的电池和开关含有铬化物和水银（汞），铬化物透过皮肤进入人体，经细胞渗透，会引发哮喘；水银（汞）则会破坏人类的脑部神经。如果将这些电子垃圾随意丢弃或掩埋，大量有害物质渗入地下，这些垃圾的会造成地下水严重污染；如果进行焚烧，这些垃圾又会释放大量有毒气体，造成空气污染。

废旧家用电器随意处理的危害很大，但如果能妥善处理并进行资源的回收利用，又会产生很大的价值和很高的效益。一台废旧冰箱可回收9公斤塑料、0.6公斤铝、38.6公斤铁、1.4公斤铜。利用这些资源可以再造45个塑料储物盒、50个350毫升易拉罐、38.6公斤哑铃、1.4公斤铜条。而一台废旧空调则可回收14.6公斤塑料、4公斤铝、19.5公斤铁、4.9公斤铜，利用这些资源可以再造73个塑料储物盒、335个350毫升易拉罐、19.5公斤哑铃、4.9公斤铜条。

从展示厅再往里面走是样品区，这里展示着可回收利用的废旧电子电器产品，包括“四机一脑”，即电视机、电冰箱、洗衣机、空调器和微型计算机，以及其被拆解下来的零部件和经处理的金属材料等。何经理介绍：“设置样品区是为了引导学生对废弃电器、电子产品形成基本认识，通过辨识废弃电器、电子产品结构部件，让学生明白废弃电器、电子产品如果得不到规范处置，就会对我们赖以生存的生态环境，以及我们身体健康造成危害。”

来自金堂县实验小学的同学在听到废旧电器中的金属材料会对水和土壤造成严重污染时感到非常震惊，他们表示回家后一定会告诉父母，要把废旧家电送到具有专业处理技术的机构。此外，企业还会引导学生实地参观各拆解作业区域，现场观摩废弃电器拆解处理。

在被问及担当教育基地讲解员的感受时，何经理坦言：“在现实生活中，除了专业人士及极少数人了解废弃电器、电子产品的危害外，绝大多数人是不清楚其中的危害的。这就需要通过专业、规范的培训和讲解让人们有所了解。作为一名讲解员，有幸为孩子们讲解相关知识，倡导全社会绿色环保，我感到十分高兴。”

学生在日常学习中其实很难接触到废弃电器、电子产品的危害与处理方法等专业性较强的环保知识，即使通过网络或书本获取相关知识，也不如现场参观来得直观、深刻。从这个角度而言，以更鲜活、更有效的方式落实环保教育，正是政府和企业合力打造节能环保教育示范基地的意义所在。

深化合作，政企共享绿色未来

政企合作首战告捷，金堂县机关事务服务中心和节能技术公司都有了更多关于深化合作、推动节能环保发展的新想法。

作为全县节能减排工作的具体实施者和重要推动者，金堂县机关事务服务中心希望充分利用好企业的专业技术优势和专业知识储备，让企业成为公共机构的技术顾问，共同推动全县的节能环保宣传教育工作。

机关事务服务中心未来还计划把合作范围扩展到湿垃圾处置领域，对公共机构餐厅所产生的餐厨垃圾进行回收再利用。节能技术公司也正有此意，把目光投向湿垃圾处置技术研发版块——通过发酵等方式将湿垃圾做成有机肥再次利用，从而使湿垃圾问题得到解决。何经理表示："公司目前正在做湿垃圾处理技术的研发，这块也是未来我们和公共机构展开合作的机会。"

娃娃们的 绿色环保奇妙屋

2019 年 6 月 17 日，成都天府新区新兴幼儿园里满是欢声笑语，一场特殊的时装秀正在校园内隆重举行。只见舞台上走秀的小朋友和家长们都身着奇装异服，有的挥舞着金箍棒、化身为“齐天大圣”，有的身穿美裙变成了漂亮的“花仙子”，有的头戴藤叶扮成可爱的葫芦娃，还有的开着帅气警车变身“奥特曼”……

令人惊喜的是，这场时装秀上所有的服装、道具竟然都是由废纸板、废塑料瓶等生活垃圾制作而成。一点一滴地构思，一横一竖地剪裁，一笔一画地涂鸦……小朋友们就这样变废为宝，圆满完成了一场精彩纷呈的时装秀。而这场活动践行的，正是新兴幼儿园“提高垃圾资源价值，从废物利用开始”的绿色理念。

从有到优，环保教育在学习研讨中逐步完善

环保表演活动是环保教育的一种形式，这场“时装环保秀”便是新兴幼儿园响应“垃圾分类、分而用之”号召，扎实推进“因地制宜、废物利用”环保教育工作的生动案例。

新兴幼儿园始建于 1994 年，于 2013 年 5 月独立建制，是天府新区成都直管区域内的一所公办幼儿园，目前可容纳 450 名幼儿入园。在国家倡导“可持续发展”、号召全民“垃圾分类、回收利用”的背景之下，位于成都市天府新区的新兴幼儿园也开始行动起来。“绿

色环保是上到国家、下到社区都一直在宣传的，四川省在2016年把节能减排纳入了‘十三五’规划。人们常说环保要从娃娃抓起，幼儿园作为校园教育的第一阶段，是最容易培养孩子们回收利用好习惯的时候，我们必须要跟上脚步、为孩子的终身环保习惯养成打好基础！”宣传处的吴秀莲老师告诉记者，环保意识的培养是幼儿园儿童德育教育的重要一环。

幼儿环保教育也是一门学问，“幼儿园传统的环保教育内容很少，形式很单一，基本上就只有书本灌输，”吴秀莲老师回忆新兴幼儿园环保教育的探索之路说，“其实，我们从好几年前就开始着手培养孩子的绿色环保意识了，但单调地读课本非常枯燥，效果不好，幼儿一是不容易懂，二是没机会实践。”

幼儿园的另一位老师回忆，她在课堂上讲完节能环保的好处和正确做法后，孩子们并未将课本上的知识带入到日常生活中去。饭前洗手时，忘记拧紧水龙头的孩子还是很多；放学回家时，大家不记得关灯也是常事；电视机、电脑、投影仪等电子教学设备，也主要靠学校教职工来关闭。

填鸭式教育效果欠佳，小朋友们依然缺乏环保节约的主人翁意识。“节能意识不出课本，环保教育不出校园”的尴尬，引起了园方的高度重视。

新兴幼儿园的教师们第一时间对这一问题组织了会议讨论，同时还邀请了几位孩子的家长作为代表参加会议。大家群策群力展开“头脑风暴”，希望可以真正帮助孩子们增强绿色环保的主动意识。

会议整整开了大半天，一位家长提出“可以让孩子们去幼儿园旁边的船工创意空间实地参观，看得多自然学得多”；还有一位在木料场上班的家长建议“学习垃圾分类可以从认识可回收垃圾开始，或许可以收集一些废旧木料教孩子们自己动手做工艺品，借以学习材料的节约使用和循环利用”。吴秀莲老师告诉记者，那次会议征集到了相当多的点子。她说：“既然新兴镇有那么多木料产业和制木工人，我们就应该因地制宜、因势利导，利用好自己的社区资源，探索出一条属于我们自己的环保教育道路。”

家长和教师在“头脑风暴”中碰撞出

的思维火花令人惊喜和激动。有了这些“金点子”后，新兴幼儿园又多次邀请家长代表来参加学校组织的环保培养计划讨论会。兼听则明，教师们的思维和视野逐渐变得开阔起来。

潘园长带领教研团队讨论制订了具体的环保培养计划。有点子但没有经验，他们只能在学习研讨中一遍又一遍地摸索前进。让潘园长至今印象深刻的是其在《幼儿教育·教育科学版》上看到的一篇论文——《北美环境教育协会的幼儿园环境教育及其启示》，该论文介绍了美国幼儿园环保节能教育的经验和做法，给新兴幼儿园教师带来了极大的启发和收获。“看到这篇文章后，我感触良多，原来幼儿园的环保教育可以如此丰富。这篇论文虽然讲的是美国幼儿园的案例，我们完全可以加以借鉴。”

从无到有，从有到优。新兴幼儿园踏踏实实，一步一个脚印，切实进行对孩子们的环保教育。针对幼儿特点的环保教育计划也日渐完善。

从被动到主动，环保实践在趣味活动中逐步展开

为了进一步搞好环保教育，培养孩子们的绿色理念，新兴幼儿园对园内陈设和教学工具进行了大改造，幼儿园首先想到的就是给幼儿提供一个可以全方位探究环保理念的

生活环境。“要想让小娃娃们懂得垃圾分类这个大概念，就得把环保植入身边的每一个小场景。”潘园长强调。

在开展室内游戏的时候，玩具要选择与环保相关的材料，如树叶、枝丫、废纸、处理过的泥土等；在室外进行游戏时，则要选择适合幼儿探究、贴合环保主题且安全性高的场所，比如用草坪代替操场。“小孩子很难理解抽象概念，但是他们对自己的实践体验会有强烈认知。”园长解释道，幼儿是通过亲身参与和体验来构筑自己的知识结构的，因此，环保教育要注重帮助儿童与社会环境和自然环境进行互动。

一天，老师听见孩子们的吵闹声，原来是大班的孩子在讨论一把椅面缺了一小块儿的椅子。小朋友们都觉得这不算垃圾、不该扔掉，但又不知道这把破椅子有什么用。后来，教师们发动亲朋好友找来“缺胳膊少腿儿”的坏椅子，拆了挂在学习墙上展示，带着孩子们认识木椅子的结构。几天后，讨论椅子算不算垃圾的小朋友就变成了修椅子的小木匠，拿着小锯条和废弃的旧木头认真研究怎么样才能补上缺了的椅面。

令人惊讶的是，几岁大的小孩子居然能用锯子锯木头。园长解释说：“做手工的工具都是幼儿专用的小型工具，只有穿戴保护手套并在教师的监督下，孩子们才被允许动手操作。”

工具区旁边堆着一堆旧木料。“这里所有的木头都是教师和家长从工厂捡来的或者家里收集来的。这些木头是没人用、被丢掉的，上面经常有一些钉子、倒刺，老师们会把所有木料都检查并处理一遍再给孩子们用，”园长指了指地上，“瞧，这地上的两袋就是早晨一个家长送过来的，老师们还没来得及检查，就暂时放在一边，和能用的区分开来。”

新兴幼儿园做的第二件事是激发幼儿的好奇心和主观能动意识。“现代幼儿教育的方式已经发生了革命性的改革，单方面灌输的时代已经一去不复返了，现代教育讲究的是激发孩子好奇心，帮助他们发挥主观能动性，这也是我们开展环保教育的最终目的。”潘园长反复强调着主观能动性对幼儿教育的重要意义。

教师们把环保教育以一种“润物细无声”的方式融入游戏之中。比如在做经典的“丢手绢”游戏时，教师们会将一个废弃的塑料瓶当作“手绢”，被丢“手绢”的小朋友要迅速把塑料瓶放入正确的垃圾桶才算得胜。再如讲环保趣味故事、看卡通环保教育动画片时，教师们都有意识地通过“引发好奇心—体验式学习—理念入脑入心”的方式，以达到寓教于乐的目的。

幼儿认知和学习自然环境的方式是多种多样的，但大多数都是以直接经验为基础，需要动手操作。新兴幼儿园木创乐

工坊门口有一排木制卡通人物围成的栅栏。建坊之初，这里原没有这些卡通人物。有一次，幼儿园为欢迎来园视察工作的领导，教师就请孩子们出出主意，共同讨论一个欢迎仪式。一个小朋友觉得门口栅栏有些单调，就提议做欢迎小人儿装饰一下。孩子们哪会做小人儿呀！但大家都觉得这创意极好，于是就引导大班的孩子们画出简易的草图，然后手把手地指导他们制作小人。大家齐心协力，终于做出了活灵活现的各式卡通人物。

幼儿园展示厅中心有一棵树，树不高，也不壮，上面挂着手工制作的猫头鹰、鸟巢和各种卡通小人儿。走近一看，这竟是一颗真树。原来，这棵树原本是种在幼儿园门口的，但是去年入秋后就开始生病。孩子们看着光秃秃的树实在可怜，就央求保安叔叔帮忙救治。但生病的树最终还是没熬过冬天。春天来了，树还是光秃秃的。后来，孩子们主动提议把那棵失去生命的树挪到木工坊里来。园长回忆道："小孩子是最心善的，他们不忍心死掉的树被丢弃在外面，也不忍心它被人砍掉做木料，我们就把它挪到室内了。老师们特意拿木料和枯叶做了一只猫头鹰粘在树上，让孩子们十分开心。这上面的小人儿和鸟窝都是孩子们后来自己动手给树做的装饰。"

从特色到常态，环保理念在长期践行中深入人心

在新兴幼儿园看来，环保并不是一个宏观的、抽象的概念，而是一项分工明确的综合性工作，其中涉及垃圾分类、植树、节水、爱鸟、降噪、无烟、低碳等方方面面。因

此，新兴幼儿园以木工坊等趣味活动为切入点，逐步将幼儿环保教育工作常态化。比如充分利用重要节日节气，在 3 月植树节、森林日、节水日，4 月噪音日、地球日、爱鸟周，5 月防震减灾日、无烟日，6 月环境日、低碳日，10 月粮食日等重要时间节点，通过图片、视频、体验、手工制作等形式开展丰富的主题活动。再如利用每周升旗仪式开展环保主题的“国旗下讲话”和节目表演等，真正将环保教育做深、做透。

新兴幼儿园还结合新兴街道留守儿童数量多、多为隔代抚养的实际情况，有针对性地制定了一整套切实可行的环保教育教学方案。

教学方案既突出师生间、学生间的互动，也注重强化家长与孩子的互动，以引导更多的家长参与到环保宣传中来。幼儿园特别叮嘱家长，环保教育须全家参与，家长也要动起来，给孩子们做表率。比如在环保时装秀活动中，家长要参与环保服装道具的设计和制作，甚至最后的走秀环节也要跟孩子同台表演；在由新兴幼儿园协办的“垃圾分类定向亲子跑”活动中，家长和孩子一同拿着垃圾分类的宣传单给新兴家园小区居民讲解环保知识；在2020 年上学期开展的关于教材资源的环保教学活动中，家长、教师需共同收集废旧图书并进行捐赠，最后由新华书店回收制成新书……这些活动的开展在强化幼儿环保意识的同时，无形间也增进了幼儿与他人，特别是留守儿童与他人之间的沟通与交流，形成了“小手牵大手、全家齐动手”的良性传帮带模式。

新兴幼儿园的环保教育效果是显著的。进入园区，倡导节能环保、绿色生活的卡通标语随处可见，由废弃垃圾为原材料制作的可爱的熊猫挂饰、新颖别致的地球模型等将整个幼儿园装点成一座犹如卡通世界的神奇环保屋。

从入园那一天开始，每个孩子就接受着引导式教育，垃圾利用、绿色环保的理念被深深植入其脑海中。他们自然而然地从身边的点滴小事做起，争当“绿色环保小达人”。参观时，一位大班的小女孩正努力介绍他们班的“创意美食屋”：“老师老师，你看你看，这是我们的美食城，欢迎你来品尝喔！”小女孩一边还兴冲冲地将泡沫块做成的豆腐和纸板裁成的牛排端出来展示给我们看。

看着欢笑打闹的孩子们，潘园长笑呵呵地说：“他们现在可聪明了，只要看到垃圾瓶子、废旧纸品，根本不用老师们提醒，自个儿就拿来废物利用了。这一排青花瓷摆设全是用孩子们从家里拿来的空酱油瓶做成的。”

听了园长的话，孩子们自豪又兴奋地接话道：“这个瓶子是我拿来的！”“这个纸盘子是上次吃生日蛋糕留下来的！”“还有这个图案也是我画的……”

看到孩子们的成长与变化，院长感到十分欣慰，他说：“幼儿环保教育其实是一件很难的事情。孩子太小了，不容易搞清楚垃圾分类、废物利用这些事情的来龙去脉，但无论再难，幼儿园也要坚持，因为这是一件功在千秋、功在人类的大事。帮助孩子们成长为一个具有环保意识的人，我们责无旁贷！”

知者行之始，行者知之成

走出狭小的课堂，去大自然捡垃圾，到垃圾焚烧厂参观，熟练地进行可回收物的分类……蒙彼利埃小学这所象征着中法友谊的学校在孩子心中燃起环保的火花。孩子们“自觉、自愿、自发”地践行垃圾分类、光盘行动等环保举措。蒙彼利埃小学以学校为平台，以学生为中心，联合家长、社区一同搭建起绿色“大家园”。

师生齐心探路径，垃圾分类成风气

忙碌的周五又到了。成都蒙彼利埃小学又行动起来，黄纸板、易拉罐、牛奶盒、废旧纸张 ...... 各种可回收物被整齐码放在教室外，一些孩子挽着衣袖，蹲在地上将一张张黄纸板摊开展平，一层层码放整齐。“纸放这儿，牛奶盒放那个袋子里。”另一些孩子正熟练地将各种垃圾一一分类，不一会儿，垃圾都被分装好了。随后每两个同学扛起一个大大的垃圾袋就向垃圾回收点走去，他们“哼哧哼哧”喘着气，微笑的脸颊上晕染上劳动后的红晕。

蒙彼利埃小学自2018年4月起就开始在全校范围内推行垃圾分类。2016级8班的辅导员万胜男是垃圾分类最早的发起者。在一次亲眼目睹了垃圾填埋场造成的资源浪费和水土污染后，她产生了要在学校推行垃圾分类的念头。

垃圾分类是指按照一定标准将垃圾分类储存、分类投放和分类搬运，以使垃圾实现循环再生，成为新的资源的垃圾处理方式。垃圾分类对减少土地资源占用、减少环境污染及资源浪费等有积极的作用。目前我国垃圾最主要的处理方式是填埋和焚烧，未经分类的垃圾被焚烧和填埋后，会产生金属污染、水污染、大气污染等，对环境造成巨大的破坏，大量可以循环利用的资源也被一并淹没，产生了巨大的资源浪费。要想将垃圾变废为宝，最重要的第一步就是垃圾分类。

"垃圾分类是关乎下一代的事，改变成年人的思想有些难度，但孩子可以成为这一行动的突破口。"万胜男开始和学生一起找寻方法，查阅资料，去周边社区调研，到成都市环保局以及城管委咨询……最终，万老师提出，最好的办法是与环保公司合作，将分好类的可回收物交给环保公司处理。

最后与蒙彼利埃小学达成合作的是成都某环保科技公司。这是一家以"'新分

类、新回收、新时尚”为理念的公司。公司将可回收物分为书报、金属、玻璃等 14 种，学校师生按照分类标准将可回收物分类并装进环保袋，再以袋中袋的形式将垃圾投放到回收点，由公司进行回收处理。公司将收到的可回收物按种类和数量估价，将钱款拨付到学校账户。

最开始，垃圾分类只在万老师的班级试点开展，每周五由几名同学将分好类的垃圾投放到航天城上城的回收点。2 个、3 个、10 个……越来越多的班级在看到万老师班级的努力后，自发加入垃圾分类的队列。各班辅导员们利用班会时间对孩子们进行垃圾分类的教学。很快，蒙彼利埃小学被设立为该节能环保公司的一个垃圾回收点，并对周边社区免费开放。

一个巨大的“铁爪”在空中移动，突然，“铁爪”张开了，悬空的垃圾团被投入高达 800 多摄氏度的焚烧炉内，瞬间消失不见。“铁爪”的真名叫抓斗，这是成都九江垃圾焚烧厂在垃圾焚烧过程中使用的一种工具。在垃圾分类推行一段时间后，万胜男带着全班学生一起来到九江垃圾焚烧厂参观。

厂里的工作人员告诉他们，运来的垃圾由于没有经过分类，含水量比较高，且成分混杂，为了抑制二噁英的生成，需要加入重油才能保持焚烧炉的炉温。实地实景目睹垃圾的处理过程后，孩子们最大的感受是震撼——原来未经分类的垃圾有这么大的危害。这更坚定了大家垃圾分类的决心。

共情与责任并重，环保教育需“走心”

“环保月”是蒙彼利埃小学德育课程体系中的一个主题月。在这个月，学校会分别为每个星期设置“节电”“节水”“垃圾分类”等环保主题，并让每个班级围绕主题进行自由发挥，通过开展演讲、辩论及各种趣味活动将环保理念印在学生心上。在践行垃圾分类的同时，蒙彼利埃小学也努力丰富学生的垃圾分类知识，通过观看纪录片、进行知识演讲等多种方式增进学生对分类的理解。

“垃圾主要分为可回收物、其他垃圾、厨余垃圾和有害垃圾。”在垃圾分类主题课堂上，同学们踊跃发言，对垃圾分类的知识与技巧早已烂熟于心。课堂上的知识也被灵活地运用到了实践之中，蒙彼利埃的教师们不断思考创新，将理论与实践巧妙结合，真正实现了“知行合一”。“老师，我捡到了一根树枝！”“老师，我捡到一个塑料瓶！”一年级二班的孩子们正在锦城湖公园进行一场捡垃圾活动。辅导员谢瑞以两个垃圾桶为界，在公园的一角划出一百平米左右的区域，40名小学生开始在区域内扮演垃圾“侦查员”的角色。学生们弯着腰，瞪大了眼睛，在道路上、草丛里细细搜寻着，一旦找到了垃圾，就兴奋地报告老师，捡起来再蹦蹦跳跳地跑到垃圾桶旁扔掉。“公园这么干净，都是因为环卫工人们的辛勤劳动。我们这么做，就是在帮助他们。”谢瑞这样告诉学生。学生们知道自己的行动能帮到他人后，捡得更认真了。谢瑞认为，孩子太小，对于有些道理实在难以理解，像捡垃圾这样简单的活动反而可以让他们获得更多的直观体验，感受到环卫工人工作的不易。

也曾有班级在环保月时开展过别有风味的“环保秀”：孩子们跟家长一起合作，化身服装设计师，利用废纸、废塑料等废旧物品制作“衣服”，再由学生穿上并模仿模特走秀。寓教于行，蒙彼利埃小学希望通过这样有趣的活动，让学生在真正的实践与劳动中加深对垃圾分类的认识，更深刻地理解资源可回收的重要性。

电灯管理员、桌面管理员、水龙头管理员……很多班级都设立了许多独特的岗位，并让学生担任小小管理员们在督促其他同学践行节约的同时也完成了自我约束，这份责任感比强硬的规定有着更强的效力。

学校在将环保理念融入德育课时，还特别注重分层教育，通过各种活动营造环保氛围，让低年级的孩子也能受到环保启蒙；对于知识量更大、理解能力更强的高年级学生，学校则注重将环保的现实意义、不环保的恶劣后果、可持续发展的重要性等关乎人类未来的主题逐渐纳入教育课程中。

注一校之溪流，入节能之汪洋

从 2019 年 4 月份开始实行垃圾分类到现在，近两年时间，蒙彼利埃小学通过分类处理学校的牛奶盒、废纸、黄纸板等可回收垃圾共收益了 2000 多元。这些钱被学校部分用于购买跳蚤市场活动的奖品，部分在盛华社区举办公益跑活动时作为活动经费捐赠给了社区。蒙彼利埃小学的垃圾回收账户金额还在持续增长，这让参与其中的小学生们首次品尝到果实成果的甘甜，也算是垃圾分类带来的另一个收获。

一点点收集起来的垃圾，一次次不辞辛苦的投放，实实在在的成果让孩子们不由为自己做出的环保贡献感到骄傲。

“荧光灯会造成污染，是有害垃圾，爸爸妈妈不要乱扔呀。”孩子们回家后也给父母做起了“小老师”，将课堂上学到的垃圾分类、资源节约等知识讲给父母听。很多家庭成员在听了孩子的宣讲后，为了给孩子树立榜样，也更加注重个人的日常行为，加入垃圾分类的行列，有的甚至还建立了垃圾分类家庭账户。附近社区的居民受学校影响，也自觉将分好类的垃圾送到学校回收点一并投放。

挥动小锄头在土地上一下深一下浅地挖着，将稚嫩的树苗轻轻放在小坑里，再将泥土填上。孩子们目不转睛地盯着自己种下的树苗，期待它们长成参天大树。每年植树节，蒙彼利埃小学都会与学校所在的盛华社区一起在社区内开展种树活动。几年前种下的小树苗如今已变得枝繁叶茂，而学校与社区还在继续努力为社区增加新的绿色成员。

“其实‘知’和‘行’之间的距离并不遥远。给我们的青少年播下节能环保的种子，就是‘行’的第一步。”蒙彼利埃小学校长如是说。将节能知识的传授、对人类未来与个人责任的思考同丰富多彩的环保行动相融合，这便是蒙彼利埃小学始终践行着的“知行合一”的环保教育之道。

环保一小步，人生一大步

邛崃市西街小学坐落在临邛城西，目前有1200余名学生就读于此。自节能减排宣传教育在全校范围内展开之后，校园里垃圾变少了，创意设计作品变多了；食堂里剩菜剩饭变少了，“光盘”变多了。每天课间操时间，总会见到学生们抱着一大叠废旧纸张，提着各色瓶子走向教学楼的一角；学校的“美德超市”里，常常有学生讨论手中的“美德币”是用来换个文具盒，买一支彩色铅笔，还是兑现一个心愿……西街小学在节能环保教育上的“一小步”，或许就促成了孩子们人生路上的一大步。

勤俭节约成时尚

“锄禾日当午，汗滴禾下土。谁知盘中餐，粒粒皆辛苦。”

“这首诗告诉我们，农民伯伯种粮食很辛苦对不对？”

“对！”

“所以我们应该怎样做？”

“不浪费粮食！”

……

班会课上，西街小学一年级的同学用稚嫩的童声朗读了古诗《悯农》，班主任寇丽老师则循循善诱，将厉行节约的理念传递给孩子们。

为了制止“舌尖上的浪费”，西街小学在全校范围内倡导“光盘行动”，要求每位师生根据自己的食量合理打饭打菜，做到不浪费。各班围绕“爱惜粮食”开展主题教育，培养学生节约的意识和习惯。

“现在很多孩子都主动要求阿姨少打一点饭菜，尽量全部吃完，食物浪费的情况好了很多，大家都以‘光盘’为荣，”袁玉琴老师欣慰地说，“而且学生家长反映，孩子回家之后也自觉践行‘光盘行动’，甚至还‘教育’家长，要求家长也必须做到‘光盘’。孩子们能做到这些，我们真的很骄傲。”

根据学校统计，在同等就餐人数的情况下，开展“光盘行动”后，学校食堂的食材投入量约减少了30%。

除了倡导爱惜粮食，学校还积极开展节约用水、节约用电等主题教育，帮助学生养成随手关水、随手关灯等良好的行为习惯。学校还在学生中建立了监督机制——每天放学后，各班级的清洁工作由当值班委监督进行，在教室卫生打扫完成后关闭班级照明灯具。

张小雨是五年级一班的班长，今天轮到他完成监督任务。放学后，他按照惯例到洗手台转了一圈，挨个检查水龙头是否关好，并在值日的同学打扫完毕后提醒其记得关灯。离开时，张小雨还不忘关闭走廊灯，这才算是圆满完成所有任务。

此外，学校还安排了专人关闭全校电闸，每天在教师下班后关闭电闸，第二天上班前再将电闸打开，以免造成不必要的浪费。

不仅如此，在每周的升旗仪式上，学校都会进行垃圾分类有奖问答，鼓励学生学习垃圾分类知识，明确垃圾类别；全校还开展了“变废为宝”活动，鼓励学生利用可回收物进行再创作；各班也不定时组织“垃圾分类”主题讲座和主题班会，培养学生垃圾分类意识和习惯……很快，节能环保就成为西街小学全校师生的共同习惯。

"'为每个孩子的终身发展奠定良好的基础'是我们的办学理念，希望学校师生都能永远保持节能环保的习惯。"西街小学校长深情地说。

垃圾回收变为宝

每天课间操时间，教学楼边的一个角落总是异常热闹，总有兴高彩烈的孩子们拿着箱子或袋子兴奋地等待着，被围在中间的是一位身穿清洁制服的阿姨。

"阿姨你看，这是我们班收集的，比上周还多！"一个小女生骄傲地仰着头，努力把手中的纸箱举起来。

"是呀，你们真棒！"阿姨一边整理手中的塑料瓶，一边笑着回应小女生。

"我们的才多呢！"一旁的小男生也兴奋地喊了一声，引得一群人七嘴八舌地"攀比"起来。

原来，这里是西街小学的可回收物收集点，这位阿姨是负责清点和管理可回收物的专门人员。因为学生人数较多，收集工作分年级进行，每天的课间操时间都有一到两个年级的学生代表将班级一周以来收集到的可回收物带到这个收集点，星期一是一年级，星期二是二年级……星期五是五年级和六年级。

这些可回收物会先按照市场价计算价格，由学校先行将相应的钱款付给学生，再将收集起来的可回收物统一拿到校外废品收购站去卖掉。

"收集可回收物，能够换实实在在的钱，因此同学们都很投入。很多班级采用这种方式赚取班费，也有班级选择公益捐赠。无论回收垃圾的钱如何使用，我都认为非常值得称赞。"副校长王俊说。

开展垃圾回收活动以来，全校每月可回收物200~300斤，每学期约1500斤，其中大部分是零散纸张和矿泉水瓶子。

"刚开始开展垃圾回收活动的时候，学生们会满垃圾桶翻找可回收物，现在习惯慢慢养成后，只要发现可回收物，学生们还是会高兴地把它捡起来，拿回学校回收。”三年级一班班主任李丹说。

“美德银行”育新人

西街小学的每位同学都拥有一本独特的存折——“美德银行”存折。它的独特之处在于，里面存的不是金钱，而是善行积分。每位同学都把这份存折视若珍宝，因为这不仅是他们的环保事迹记录簿和礼品心愿兑换券，更是他们的“德育培养记录卡”。

这是西街小学为了培养学生的节能环保等美德而特别设计的奖励机制。如果学生有主动捡拾垃圾、正确进行垃圾分类、合理利用废物等行为，就可以在“美德银行”的存折里存上一分。当然，学生自己上报的不算，只有其他人认可并上报的行为才能加分。存折上还会详细记录学生的“好人好事”，为他们的德育记录添上一笔。

西街小学副校长王俊介绍说：“‘美德银行’的宗旨是‘储存美德，赢取未来’。我们设立积分制的“美德银行”，目的是鼓励学生存储善行，塑造品德。一个人如果长期做好事、规范行为习惯，日子久了，就会记住这些好的东西，并把它内化为自身的行为准则。节能环保意识的培养也是如此。”

那么，是什么让“美德银行”如此受欢迎呢？

首先是精神鼓励。学生可以用积分兑换心愿卡，完成自己的小小心愿。心愿卡的内容多种多样，例如，“持本券可以向老师申请当一次主持人”“持本券可以和校长单独合影”“持本券可以当一周校园110”等。一年级六班班主任万素华介绍说，最火的心愿卡是“持本券可以向老师申请和喜欢的人做一天同桌”，价值5张美德币。

“美德银行”的心愿卡不仅包括学校心愿，还包括家庭心愿。有的家长工作忙，没有时间陪孩子，孩子可以凭心愿卡向家长申请“吃一次肯德基”“爸妈陪伴一天”“爸妈陪看一场电影”等心愿。家庭心愿卡由西街小学加盖公章，每一张都带有编号，要求家长配合完成。学校还会监督家长执行，如果孩子不满意，学校还会要求家长重新完成。

其次是物质激励。“美德银行”内的积分达到一定数额，就可以在学校的“美德超市”里“购物”。比如，10分可以兑换一张美德币，10张美德币可以兑换一个文具盒，也就是说，做100件好事就可以兑换一个文具盒。除此之外，美德超市还有蜡笔、橡皮等各类文具可供兑换。

“孩子们都很喜欢美德银行的奖励方式，积极性很高。比如我们班学生唐子杰，父母带他去公园玩，他主动要求骑自行车去，说要为节能减排做贡献，父母非常高兴。”五年级三班班主任周远霞说。

建立“美德银行”，培养学生“储存”善行的妙招是西街小学首创的。实践证明，

这是学校开展节能环保教育的有效方法，更是学校德育培养的“秘密武器”。学校开展的垃圾分类教育活动与“美德银行”系统相得益彰，共同规范了学生的行为，更塑造了学生的美好品德。

环境保护道阻且长。正如习近平总书记所说，我们要“像对待生命一样对待生态环境”，“让祖国大地不断绿起来、美起来”。从长远来看，节约资源、爱护环境的意识必须从娃娃抓起，只有将越来越多的青少年培养为具有高度社会责任感与节能环保意识的现代公民，我们青山绿水梦才能尽早实现，而这都离不开教育工作者一步一个脚印的扎实工作。

西街小学的节能环保宣传教育活动，无疑做到了这一点，不仅使更多的可回收物“变废为宝”，更重要的是，还能使节能环保意识在孩子们的心中生根发芽，使节能环保行为成为陪伴孩子一生的良好习惯。正所谓，“环保一小步，德育一大步”。